U0772978

粤港澳大湾区战略性新兴产业研究

物联网产业卷

王京生　樊建平／主编
杨　柳／著

海天出版社
·深圳·

图书在版编目 (CIP) 数据

粤港澳大湾区战略性新兴产业研究. 物联网产业卷 / 王京生, 樊建平主编 ; 杨柳著.—深圳 : 海天出版社，2020.1
ISBN 978-7-5507-2837-0

Ⅰ. ①粤… Ⅱ. ①王…②樊… ③杨… Ⅲ. ①互联网络—应用—产业发展—研究—广东、香港、澳门②智能技术—应用—产业发展—研究—广东、香港、澳门 Ⅳ. ①F127.65②F426.67

中国版本图书馆CIP数据核字(2020)第021494号

粤港澳大湾区战略性新兴产业研究 · 物联网产业卷

YUEGANG' AO DAWANQU ZHANLÜEXING XINXING CHANYE YANJIU WULIANWANGCHANYE JUAN

出 品 人　聂雄前
责任编辑　李新艳
责任技编　陈洁霞
封面设计　元明 · 设计

出版发行　海天出版社
地　　址　深圳市彩田南路海天综合大厦　(518033)
网　　址　www.htph.com.cn
订购电话　0755-83460239（邮购、团购）
设计制作　蒙丹广告0755-82027867
印　　刷　深圳市华信图文印务有限公司
开　　本　787mm×1092mm　1/16
印　　张　10.5
字　　数　135千
版　　次　2020年1月第1版
印　　次　2020年1月第1次
定　　价　58.00元

未来已来

王京生
国务院参事
联合国教科文组织“孔子奖章”获得者
北京大学、北京师范大学、深圳大学客座教授

如果把亚洲分成大陆亚洲和海洋亚洲的话，那么珠江入海口就是两者的连接点，这里将崛起世界上最密集的城市群。这种说法，曾出现在英国作家詹姆斯·克拉维尔于20世纪80年代出版的小说《望族》中，无形之中成为今天粤港澳大湾区崛起的绝佳预言。

回望这片湾区城市群的现代化进程，可以分为三个时期：第一个时期，是改革开放前，从20世纪60年代起，香港作为“亚洲四小龙”之一崛起，与澳门一道，为中国内地改革开放做了前期准备，成为中国观察世界和引进外资的重要窗口；第二个时期，经过40年改革开放，以深圳为代表的湾区城市，不仅自己实现了从无到有的蝶变，一跃成为领跑全国的先锋城市，同时也使整个城市群呈现欣欣向荣的局面，为粤港澳大湾区媲美于世界其他湾区奠定了基础；第三个时期，中央作出设立粤港澳大湾区的战略部署，并支持深圳建设中国特色社会主义先行示范区，表明粤

港澳大湾区作为我国深化改革开放的代表性地区，将从国家战略层面出发，进一步整合优势资源，参与到国际竞争当中。

粤港澳大湾区云集广深港三大国际大都市，造就了以东莞、佛山为代表的世界制造工厂，拥有香港港、深圳港、广州港等一系列世界级港口群，形成“城市群＋港口群＋产业群”的超强世界城市群。其城镇化水平、土地面积、人口规模、地区生产总值总量和产业竞争力，都堪与世界一流城市群匹敌。

畅销书《变量》里说，粤港澳大湾区的中心城市是哪一个？香港？广州？深圳？都是，又都不是。未来的粤港澳大湾区更像是一个超级的组合城市。

一个与纽约湾区、旧金山湾区、东京湾区并驾齐驱的世界级城市群，已经呼之欲出。粤港澳大湾区土地面积5.6万平方公里，约7000万的人口规模，以仅占全国0.6%的土地面积，地区生产总值占全国总量的12.57%，未来增长空间十分巨大。自2019年2月18日中共中央、国务院正式公布《粤港澳大湾区发展规划纲要》之后，粤港澳大湾区的建设引起全球关注。随着城市化的推进，粤港澳大湾区的人口将超过1亿，实现人口翻倍，意味着有望超过世界三大湾区。

粤港澳大湾区不仅是中国最有活力的经济板块之一，更重要的是，它将引领下一波的世界发展潮流。在这样的情况下，观察它今天的科学技术、产业布局，特别是战略性新兴产业的情况尤为重要。实际上，我们在用今天的眼光瞻视未来，而未来已经在我们面前呈现清晰的轮廓。

作为国家战略的粤港澳大湾区，诞生在一个创新驱动发展的新时代。这个时代，基因技术、大数据、云计算、物联网、机器人、人工智能……一个个新鲜词语不断涌现。由这些词汇堆砌的未来世界，是一个机器人可以代替更多人类工作的世界，是一个虚拟世界与现实世界逐渐模糊的世界，也是一个创新驱动、充满幻想的世界。

粤港澳大湾区血脉里拥有天然的创新基因，它的战略定位就是要成为具有全球影响力的国际科技创新中心。在这里，不仅金融产业发达，而且未来产业发展速度国内领先。在这里，开始流行给新出生的婴儿做基因检测预测性格，中学生开始学习人工智能的编程课程，工业机器人代替了更多的年轻人在流水线上工作，服务机器人出现在机场担任迎宾或在商场担任导购，无人驾驶的大巴开始在街头试运行，新能源出租车取代了传统汽车，自助图书馆和自助办证等越来越多的自助机器闯入我们的生活，无人机不仅可以航拍而且能服务消防和公安领域。这一切分明在说：未来已来。

在这里，传统产业从业者已经不再观望，纷纷引入互联网技术或者人工智能技术，各个产业在悄悄地升级，流水线上大量的工人纷纷涌入城市做起了快递员和销售员；年轻的父母开始为子女选择专业感到苦恼，时常在一起讨论学习哪个专业未来更有前途，或者最好是从什么年龄开始学习编程课程。因为站在时代大潮的路口，他们非常明白，未来的变化只可能更快速、更迅猛，父母是否有能力为孩子规划好未来，这个问题让人思虑再三，且忐忑难安。毕竟，他们虽置身其中，却对未来产业所知甚少。有人说：“你的对手不是竞争对手，而是整个时代。”现在看来，这句话还是很中肯的，不论个人或者企业，成功的最终决定因素是我们能否跟上这个时代的步伐。而只有那些洞察趋势的先行者，才能把握时代的机遇。

《粤港澳大湾区发展规划纲要》第六章第二节指出要“培育壮大战略性新兴产业”，描绘出了大湾区未来的产业格局。“依托香港、澳门、广州、深圳等中心城市的科研资源优势和高新技术产业基础，充分发挥国家级新区、国家自主创新示范区、国家高新区等高端要素集聚平台作用，联合打造一批产业链条完善、辐射带动力强、具有国际竞争力的战略性新兴产业集群，增强经济发展新动能。推动新一代信息技术、生物技术、高端装备制造、新材料等发展壮大为新支柱产业，在新型显示、新一代通信技术、5G和移动互联网、蛋白类等生物医药、高端医学诊疗设备、基因检测、现代中药、智能机器人、3D打印、北斗卫星应用等重点领域培育一批重大产业项目。围绕信息消费、新型健康技术、海洋工程装备、高技术服务业、高性能集成电路等重点领域及其关键环节，实施一批战略性新兴产业重大工程。”

“粤港澳大湾区战略性新兴产业研究”丛书用通俗易懂的语言讲述战略性新兴产业中的创业故事和产业趋势，主要探索未来20年中能够主导我们经济和社会的产业。5册图书是基于未来的5个关键的战略性新兴产业而分类创作的，包括机器人、人工智能、生命健康、新材料、物联网，之所以选择这五大产业不仅仅是因为它们自身的重要性，各自拥有数百亿元甚至上千亿元的产值空间，而且也因为它们是全球化浪潮中的代表，彼此之间密不可分。比如，新材料是机器人、人工智能、物联网、生命健康等产业的基础；同时，随着BT（生物技术）和IT（信息技术）逐渐融合，生命健康产业也需要借助大数据、云计算等新技术；物联网同样与人工智能和云计算技术分不开。显而易见，未来世界将是一个多元技术、多个学科交叉融合的世界，让我们对未来不禁浮想联翩。

2019年8月，中共中央、国务院出台《关于支持深圳建设中国特色社会主义先行示范区的意见》，赋予深圳无比崇高的历史新使命。从一骑绝尘的“深圳速度”，到以高产出、低消耗、低污染为特征的“深圳效益”，到结构优化、创新驱动、绿色低碳的“深圳质量”，再到对标国际一流、打造更具时代引领性的“深圳设计”“深圳品牌”“深圳标准”……深圳始终牢记党中央创办经济特区的战略意图，在体制改革中发挥了“试验田”作用，在对外开放中发挥了重要“窗口”作用。先行示范，如果说最初只是深圳的使命，今天已经成为这座城市的自觉追求，沉淀为深圳的城市基因，深深融入城市的文化血脉中。建设中国特色社会主义先行示范区，是深圳新的使命，深圳要继续深化供给侧结构性改革，实施创新驱动发展战略，建设现代化经济体系，在构建高质量发展的体制机制上走在全国前列。本系列丛书里绝大多数的企业案例来自深圳，我们不仅可以看到深圳企业家群体锐意进取的精神，而且可以看到作为一个学习样板，深圳正在积极地以“一马当先”带动“万马奔腾”，加快实现社会主义现代化强国的进程。

需要指出的是，在先行示范、创新引领的背后，实际上需要一系列的支撑，特别是文化的支撑。习近平总书记强调，文化自信是更基础、更广泛、更深厚的自信，是更基本、更深沉、更持久的力量。文化是托举一切的大地。我们可以看到，世界上创新能力强的国家，往往是文化发达的国家。文化驱动创新，创新驱动发展。正是融合了创新、智慧、包容和力量的文化，在不断的流动与碰撞中，为经济社会尤其是新兴产业发展提供了更为有力和持久的支撑。

我们创作“粤港澳大湾区战略性新兴产业研究”丛书，一方面，站在未来产业的大潮里，倾听未来产业中的弄潮儿讲述精彩的创业故事，看他们是如何把一项成果转化为现实的生产力，又是怎样展望未来的发展趋势；另一方面，这些跌宕起伏的创业故事和专家的产业展望内容，也可以给父母和年轻人一些启迪和智慧，使其感受到创新背后文化和精神的力量，帮助我们和下一代更从容地面对新的经济浪潮。

未来在有准备的人们面前已经到来，因为承接未来的一切早已开始。

粤港澳大湾区战略性新兴产业研究

01

前言

QIANYAN

随着人工智能、大数据、5G 技术的发展，大家对物联网的关注度越来越高。与此同时，物联网本身也出现了颠覆性的突破，它让工业、医疗、交通、物流等行业更加高效和智能，对很多行业都产生了深远的影响。物联网被称为继计算机、互联网之后世界信息产业发展的第三次浪潮。

概括地说，物联网就是通过智能传感器、计算机识别技术以及通信技术等将物品连接到网络上，它无须人工干预，而是通过物与物之间的连接协作来实现或者完成某项具体任务。

2019 年年初，工信部部长苗圩表示，2019 年工信部将发放 5G 临时商用牌照，5G 元年开启，80% 的 5G 设施将用于物联网，用于人与人通信的只占 20%。“4G 改变生活、5G 改变社会”的宣传口号已深入人心，“改变社会”更多是在于 5G 对国民经济各行各业物联网应用的支持，从而实现各行业新的数字化变革。

中商产业研究院的《2019 年物联网产业链前景研究报告》指出：“物联网作为全新的连接方式，呈现突飞猛进的发展态势。据了解，2018 年全球物联网设备已经达到 70 亿台；到 2020 年，活跃的物联网设备数量预计将增加到 100 亿台，到 2025 年将增加到 220 亿台。全球物联网产业规模由 2008 年 500 亿美元增长至 2018 年近 1510 亿美元。在中国，物联网的大规模应用与新一轮科技与产业变革融合发展，预计 2025 年中国物联网连接数将达到 53.8 亿。”

物联网的核心问题是让物品具有“智慧”和“感知”，而与之对应的设备是嵌入式处理器和传感器，嵌入式处理器主要适应物联网的特性，要达到体积小、功耗低、可定制、集成度高等性能。物联网产业链分为上游感知、中游传输、下游应用三个部分，上游主要技术和设备包括传感器、RFID 射频识别、GPS 技术等，中游传输包括用于有线传输的设备光纤通信和用于无线传输的主要技术和设备 Wi-Fi、蓝牙、WLAN（无线局域网）、ZigBee（一种短距离、低功耗的无线通信技术，名称源于蜜蜂的 8 字舞）、LTE-M（LTE-Machine to Machine，是基于 LTE 演进的物联网技术）、5G、2G/3G/4G、NB-IoT（窄带物联网）。下游应用的主要技术是大数据、云计算、云存储、机械学习、用户分享、各行业应用技术，下游应用主要包括中间件及应用供应商、系统集成商、运营及服务提供商和终端用户。

本书讲述的 5 个企业案例主要集中在中游传输和下游应用，这是粤港澳大湾区的产业基础决定的，丰富的应用场景催生了很多中间件及应用供应商、系统集成商、运营及服务提供商和终端用户。比如，洲斯物联专注于研发 LPWAN（Low-Power Wide-Area Network）低功耗物联网技术和生产食药冷链监控、数字化供应链物联网终端及解决方案；百胜扬的愿景是成为知名的工业级物联网平台；敢为软件可以提供强大的物联网 PaaS（Platform-as-a-Service，“平台即服务”）平台和海量的设备驱动库和功能插件库，极大提升相关行业的生产效率。

在本书里，你可以看到人工智能与物联网融合的案例。比如，香港万家智控是从事智能楼宇系统研发的公司，但运用了人工智能算法去计算出不同时间用户最舒服的温度。这恰恰体现出物联网与人工智能技术进行融合的新趋势。

根据高德纳咨询公司的报告，目前物联网垂直应用的机会主要在制造业、医疗保健和智能家居领域，下一波浪潮则可能蔓延至健康管理、保险和汽车等行业。本书恰恰提供了工业物联网案例百胜扬、医疗物联网案例达实智能、冷链物联网案例洲斯物联，对物联网垂直应用的经典案例进行了深度剖析。海银资本创始合伙人王煜全指出，目前物联网行业还在寻找和探索“杀手级”的应用，那么，我们希望此书可以带给创业者一些启迪，期待有人在不久的将来能找到清晰的发展思路和切实的解决方案。

粤港澳大湾区战略性新兴产业研究

contents 目录

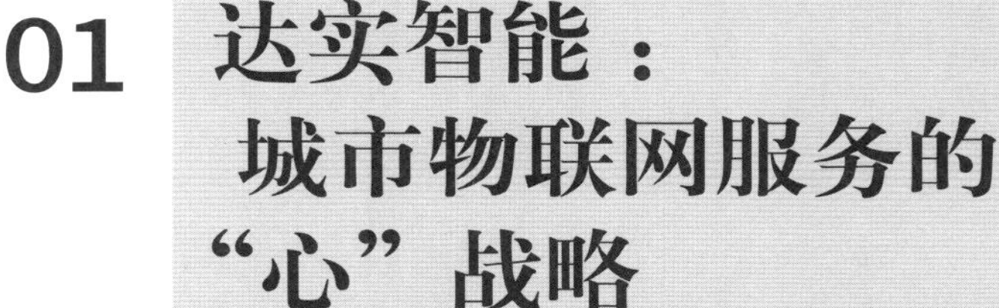

01 达实智能：城市物联网服务的“心”战略

粤港澳大湾区战略性新兴产业研究

企业档案

达实智能

深圳达实智能股份有限公司（以下简称“达实智能”）是国内领先的物联网产品和解决方案供应商，基于自主研发的物联网终端产品、系统产品和平台产品，为智慧医疗、智慧建筑及智慧交通等领域提供城市物联网服务。达实智能成立于1995年，于2010年6月在深交所上市。达实智能拥有覆盖全国的营销和服务网络，于深圳总部自主投资建设了高200米的超高层绿色智慧大厦；在雄安新区设立北方总部，成为第一批获准在雄安新区注册的企业之一。

达实智能拥有国家级博士后科研工作站，技术创新能力处于行业领先地位。截至2019年6月，依托设立在公司的国家级博士后科研工作站，主导7项国家标准，拥有163项发明专利、94项实用新型专利和219项软件著作权；拥有自主创新的AI+物联网、AI+大数据系列产品；达实智能硕士/博士联合培养中心与国内60余所著名高校建立了合作伙伴关系，已联合培养10位博士后、200余位硕士研究生。

达实智能聚焦智慧医疗、智慧建筑、智慧交通三大领域，市场占有率处于行业领先地位。特别是在智慧医疗领域，达实智能提供覆盖医院全范围、全流程、全场景的IoT（Internet of Things的缩写，指“物联网”）整体建设方案，对医院基础设施的智能化、手术室及临床信息化以及医院管理信息化实现了高度融合，致力于打造数字孪生的智慧医院，同时提供基于IoT大数据的医院能源和后勤运营管理服务，从而实现医院的物与物、物与人以及人与人的连接，形成医院经营管理、医院临床服务、患者监护的一体化服务。达实智能提供城市级区域医疗卫生信息一体化集成解决方案，具备区域医疗大数据投资、建设及运营的全生命周期服务能力，致力解决区域内医疗卫生机构信息化的互联互通、数据共享和医疗资源配置问题，同时基于人口健康信息开发针对居民和第三方机构的大数据应用和增值服务。达实智能服务的淮南市区域医疗健康大数据项目覆盖380万人口、1569家机构，已通过国家互联互通四级甲等评测。

达实智能拥有独特的企业文化和强烈的社会责任感，以“达则兼善天下，实则恒心如一”为企业核心价值观，在立足技术的基础上，强调用“心”发展。

【创业历程】

刘磅：怀赤子之心在创业道路上奔跑

达实智能董事长刘磅为自己从大学开始就怀有创业的梦想而骄傲，更令他自豪的是，当达实智能登陆中小板的时候，他让早期一起创业的97名员工作为创始股东，一起分享到了企业发展的甜蜜果实。2017年，他在雄安新区最重要的一个路口建设了一座现代化的达实智慧城市展厅，受到河北省和雄安新区领导的高度肯定。在商海搏击20余载，历经风雨，他却没有意志消沉，相反他对企业核心价值观有了更深刻的认识，对企业责任有了更丰富的体悟，如今他正带领达实智能进入以“心”发展的3.0时期。让我们走近这位怀着一颗赤子之心在创业道路上奔跑的勇士，倾听他讲述创业初心和逐梦历程。

恒心如一地坚持创业追梦

“我在安徽合肥工业大学读本科，当时合肥是中国市场经济思潮的发源地之一，一些思想超前的大学教授在合肥高校发表有关市场经济的演讲，他们的讲话在我的心里埋下了要走创业之路的思想种子。后来我在中南大学攻读硕士学位，参与创办了一家公司，校领导赐名‘达实’，希望当年一心想挣钱的我们能够老实点儿、诚实点儿、务实点儿。所以，当1995年在深圳创业时，秉承务实发展的理念，我还是给公司取名为‘达实’。”刘磅回忆最初投身创业的缘起。

刘磅

在1995年创办深圳达实自动化工程有限公司（即达实智能的前身）之前，刘磅硕士毕业后先到深圳一家企业做工程师，也曾入职中航集团学习管理，经过7年打工实践的积累后，他还是走上了创业大道追逐梦想。

最初，达实智能是做分销代理计算机控制产品贸易，后来发展到提供计算机控制系统集成业务。计算机过程控制的业务就是把各个工业生产过程中的信息采集回来，再做控制算法，最后反馈到工程过程中，实现工业过程控制。“那个时候还没有物联网概念，但我们做的其实就是最初的物联网业务，通过物与物相连，实现工业自动化目的。”刘磅介绍道，“1995 年到 2005 年，达实智能在 10 年间把业务拓展到了冶金自动化、化工自动化、电力自动化、轻工自动化和楼宇自动化等领域，开发出用于粮库建筑的粮食仓储成套控制装置，同时开发了循环流化床锅炉自动控制系统，以控制其安全、高效、节能运行。”

刘磅是一位很幸运的创业者，因为达实智能的起步缘于很幸运地踩准了几个重要的节点，才得以快速发展。比如，在国家进行大规模粮食储备库建设的时候，达实智能开发出用于粮库建筑的粮食仓储成套控制装置，以控制粮仓的温度和湿度，实现粮食仓储过程的自动控制和管理。2001 年到 2004 年，随着建筑市场的迅猛发展，达实智能楼宇自动化专项业务逐步发展成为建筑智能化工程总承包业务，开发了用于建筑智能化领域的 IC 卡读写设备产品，同时，工业自动化业务保持稳定发展。2005 年到 2010 年，达实智能聚焦在建筑智能化领域，针对既有建筑提供建筑能源监测服务和基于 EMC[1] 模式的中央空调节能服务，开发的产品、系统和平台包括“智能家”智能住宅小区系列产品和系统、楼宇机电设备控制器、中央空调节能控制系统、城市能源监测管理平台等。2007 年到 2009 年，达实智能建筑智能化及建筑节能服务的营业收入占公司营业收入的比例分别为 85.68%、83.34% 和 92.6%，直到 2010 年 6 月，达实智能成功登陆中小板，

1　EMC 是指合同能源管理机制，是 Energy Performance Contracting 的缩写，是一种以节省的能源费用来支付节能项目全部成本的节能投资方式。

建筑智能化及建筑节能服务一直是达实智能的主要业务。

“2000年达实智能在市场上初步站稳脚跟后，我进行了一次系统的学习和思考，将‘达实’诠释成了‘达则兼善天下，实则恒心如一’。当时的想法是，所谓‘兼善天下’，就是要为用户创造价值，把公司赚的钱分给员工和股东。所以在上市之前，我连续6年与员工分享股票，买一送一；在上市时，300人的公司，有97位员工成为股东；上市之后，以限制性股票激励的方式，激励核心员工。所以我觉得我已经做到了‘兼善天下’。”刘磅在2018年年底的一次回顾总结中如此说道，“我们过去的1.0时期是用腿到处奔波为生存而努力。创业5年后，2000年我们进入了2.0时期，是用脑在发展，拼命学习和借鉴西方管理制度。上市后的7年更是凭借

达实大厦

资本的力量实现了快速增长，并入选福布斯最具增长潜力中国企业 100 强名单。那么，从 2018 年达实智能进入 3.0 时期，就是用心经营，用心去与用户建立心与心的连接。”

为了寻求企业发展的新动力，刘磅积极学习：“我发现，过去只是把经济效益分享给了大家，潜意识里觉得，‘给了你们足够的钱，你们接下来的日子怎么过，就与我无关了’，但其实，这还远远不够。作为董事长，我不仅要带给员工物质上的收益，更要帮助他们实现真正的成功并且获得幸福的生活。”

不论是业务的拓展，还是对人生境界的追求，刘磅从来没有停止过奋进的脚步，他始终保持着在创业的过程中不断地思考和总结的习惯。处于不惑之年的刘磅，并不满足公司的管理一直处于 2.0 时期，就像他并不止步于企业上市一样，他希望把达实智能带到一个新的高度。

登陆资本市场，聚焦物联网业务

2015 年起，达实智能将目光聚焦到智慧医疗，成为健康医疗大数据和智慧领域颇具实力的一大玩家。达实智能提出聚焦“智慧医疗、智慧交通、智慧建筑”三大板块，资源重点向智慧医疗倾斜。

2015 年 5 月 5 日，达实智能公布公告称，将采取支付现金和定增募资的形式，拟以 8.7 亿元人民币全资收购江苏久信医疗科技股份有限公司（以下简称“久信医疗”）100% 的股权，持续增强公司在智慧医疗领域的业务能力，深耕绿色智慧医院市场。久信医疗是医院洁净手术室及数字化手术室整体解决方案提供商，其主营业务是智慧医院产业链的重要环节。

淮南市山南新区综合医院

久信医疗的医院客户中 70% 以上为三甲医院，在医院手术室洁净及数字化领域的市场占有率排名前三。收购完成后，达实智能将利用久信医疗在数字化医院领域积累的先发优势，快速切入智慧医疗领域的纵深发展，加快在绿色智慧医院领域的市场开拓，推动公司绿色智慧医院业务发展。达实智能和久信医疗完成股权交割后，达实智能随即整合资源，输出管理体系、人员及价值观。通过业务聚焦和业绩目标，推动公司快速发展。经过 3 年的整合，达实智能的数字化手术室领域的市场份额由全国前三一举跃居首位，业绩增长强劲有力。达实智能业务覆盖全国大型医院 600 余家，手术

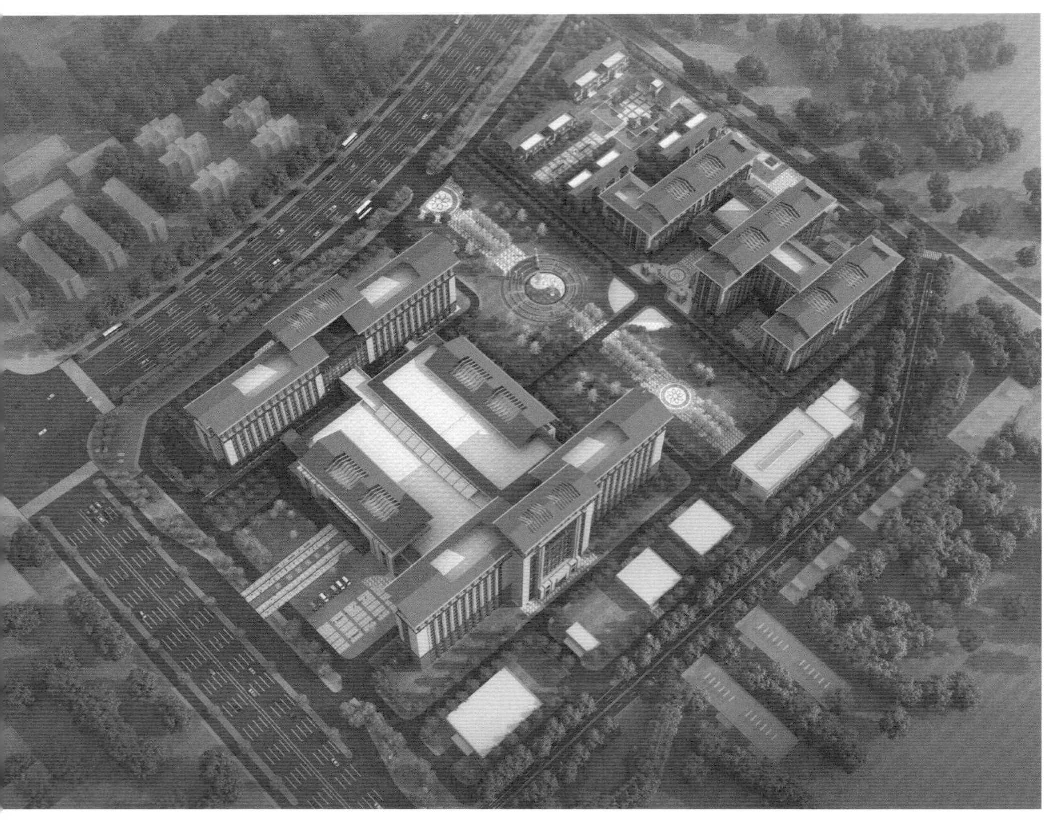

眉山市中医医院

室 6000 余间，物联网 + 手术室战略深化，围绕 IoT 与信息化推出多个新产品，智慧手术部的信息化订单创历史新高。截至 2018 年年底，达实智能共为 90 家大型医院提供了智慧医院系统及专项服务，签约淮南市山南新区综合医院 PPP[1] 项目（一期）、眉山市中医医院一期机电总包项目、遵

1 PPP 是 Public-Private Partnership 的缩写，即政府和社会资本合作，是公共基础设施中的一种项目运作模式。

遵义医科大学第二附属医院

义医科大学第二附属医院二期机电总包项目，同时落地东北地区大型三级甲等医院——吉林省第二人民医院智能化项目。

“外界都说达实智能是转型进入医疗领域，我则认为是战略资源聚焦智慧医疗使然。我们做了第二次战略聚焦，即基于医院建筑智能化，经过上下延展拓展，加上物联网、信息化、大数据等新兴技术，形成了智慧医疗服务模式。”刘磅坦诚地说。他非常看好智慧医疗的发展前景。著名经济学家保罗·皮尔泽指出，健康产业将成为全球的“财富第五波”。而随着《“健康中国 2030”规划纲要》的发布和“医改”政策的纵深发展，我国大健康行业也正迎来一个新的升级阶段，即从“规模”向“价值”的变革。过去几年，医疗产业的新业态不断涌现，行业竞争激烈；而未来，能够回归医疗本身价值的企业方能在市场中存活。也就是说，企业规模化增长的时代即将结束，尊重医疗价值的企业将存活。

如今，达实智能已打造“AI+ 物联网产品创新”和“AI+ 大数据产品创新”两大产品线。前者包括 IBMS[1] 平台产品、边缘控制器、物联网门禁等系列终端产品以及手术室智慧管理平台；后者包括医院临床辅助支持系统、医院信息集成平台和全民健康医疗大数据平台。在落地上，刘磅还亲自率领医疗健康大数据团队，在这个复杂的领域里探索从“0”到“1”的市场。2018 年 3 亿多元人民币的净利润当中，智慧医疗板块已经占到达实智能净利润的 50%。

在智慧建筑领域，达实智能创新提供基于云的 IoT 解决方案，为客户提供建设和运营服务，以人工智能与物联网为传统建筑赋能。在智慧大厦、金融总部、智慧社区、数据中心市场，占有率居于行业领先地位。

在智慧交通领域，达实智能为轨道交通提供包含地铁综合监控、自动售检票、综合安防、信息发布的物联网解决方案，同时基于物联网提供地铁运营大数据服务。达实智能与腾讯等互联网公司合作，在深圳地铁打造面向乘客的升级版智慧交通系统；在上海地铁提供了全市全网线路综合监控平台及大数据应用项目。目前达实智能已服务全国 16 座城市、32 条地铁线路。

刘磅在物联网领域开疆拓土的底气来源于他坚持多年的技术积累。达实智能设有国家级博士后科研工作站、深圳市自动化工程技术研究开发中心、深圳集中式空调能效管控技术工程实验室。其中，国家级博士后科研工作站主持起草了多项国家节能技术标准。达实智能已经申请“直接蓄冷

---

1 IBMS 是智能化集成系统，是 Intelligent Building Management System 的缩写。

达实智能国家博士后科研工作站

和混合放冷的水蓄冷空调系统及其运行方法”等163项国家发明专利和219项软件著作权，并主持起草了《合同能源管理技术通则》等7项国家重要节能标准，主导国内首个智慧城市联盟标准《智慧城市系列标准》的编制工作，主持编写《智慧城市顶层设计指南》，为智慧城市建设提供了可操作的指导规范。

投资雄安就是投资赛道和伟大的时代

2019年5月中旬，刘磅在接受新华网专访时表示，粤港澳大湾区规划和雄安新区规划建设是国家战略、国家大事，达实智能紧跟大势，把创新基地设在市场的前沿，把企业重心放到深圳和雄安，就是要与时代同频共振。

2017 年，雄安新区宣布设立后，达实智能第一时间做出响应，参与到雄安新区的建设中。2017 年 7 月 5 日，刘磅带着自己的方案和团队，在石家庄受到河北省省长许勤接见。“此番入冀，我只希望达成两件事——一是我要在雄安新区上下高速的路口，建一座智慧城市展厅，让雄安新区的干部不用跑到深圳，就能感受智慧城市的气息。二是我要在这里面设立一个创新研发中心。雄安新区的需求，实质上是最前沿的需求，我们要把最新的智能科技用在雄安新区建设上。”

“雄关漫道真如铁，而今迈步从头越。”2017 年 7 月 15 日，达实智能正式发布公告：投资 5 亿元人民币，“进军”雄安。7 月 20 日，选定智慧城市展厅位置；8 月 1 日，位于容城地标容和塔旁的达实智慧城市展厅正式对外开放；9 月 25 日，达实智能全资子公司雄安达实智慧科技有限公司（以下简称“雄安达实”）完成了工商注册并成立，成为首批入驻雄安新区的 48 家高端高新企业之一。2018 年的春节，达实智能开始参与建设“雄安第一标”——雄安市民服务中心，这个中心代表的是未来雄安发展的缩影。从 2 月 10 日到 5 月 1 日，达实智能仅仅用时 133 天，最高工作强度时调用 352 人，光荣完成这一历史性任务。2018 年 10 月，达实智能获河北省发改委批准，在雄安新区筹建城市物联网智能管控工程研究中心。

达实智能在“进军”雄安的过程中，既展示了非同寻常的深圳速度，又展现了深圳企业家的智慧和胸怀。刘磅发自肺腑地说：“雄安新区是千年大计，达实智能先来了一步。希望今后能有更多人来到雄安新区，我们一起坚守初心、跟党创业，一起打造超乎想象的美好未来。达实智能这两

雄安新区市民服务中心鸟瞰效果图（一）

雄安新区市民服务中心鸟瞰效果图（二）

年来的发展，最大的受益来自雄安新区市民服务中心。有人问我选择‘进军’雄安，是投资一个机会吗？我想说的是，机会是一个‘点’，一家公司，一只股票，可见的、有形的事业，都属于机会。我们选择‘进军’雄安，是投资赛道，达实智能参与雄安新区市民服务中心建设，看似是把握住了一个点，但由于雄安新区市民服务中心的示范性和特殊性，因而是把握住了一条赛道。同时，我们是投资人心。民心即道，它代表的是一种趋势和未来。千年雄安是民众的理想，与人心建立深层连接是更高的投资。当然，

雄安新区市民服务中心侧面效果图

我们还投资这个时代，投资时代是最大的投资，也是最大的机会。因为，与时代同频共振才是最大的商道。我们要把雄安达实1600平方米的展厅重新升级，变成一个和众多企业联手宣传雄安和自己的共享平台，把它建设为雄安新区的一个学习中心，带动大家一起去参与这个伟大时代的发展，在雄安新区有一句话叫作跟党再创业。”

“实则恒心如一，不仅是要艰苦奋斗，更应该把用户装在心里。公司从此进入了3.0时期。1.0时期是用腿，2.0时期是用脑，3.0时期是用心。”刘磅对企业文化有了更深刻的体会，“在前两个时期，我还没有意识到企业核心价值观对企业发展有极大作用，而在企业的并购成长中，企业价值观发挥了巨大作用，因为当一个并购标的出现、要谈到收购的时候，就好比嫁女儿，被收购方不光要看收购方有没有钱，还要看人品如何，这个时候核心价值观的作用就显现出来了。达实智能经过20多年的发展，不仅形成了一套独特的创新体系，而且形成了我们引以为豪的企业核心价值观，这就是‘达则兼善天下，实则恒心如一’，我们不仅应该创造价值跟大家分享，更应该帮助他人事业成功、生活幸福，这是更高的目标和理想。”

即使经历了2018年经济市场上的冲击，刘磅对未来也没有失去信心，他始终认为改革开放40年最宝贵的财富是企业家精神，企业家精神是企业核心竞争力的重要来源。置身于深圳湾畔的达实大厦的会议厅，刘磅语气深沉地说：“面对多变的国内外形势，大多数企业家把这个波折归咎于外界、归咎于政策、归咎于环境，我们现在面临的挑战和问题，更多的是要回归自身找原因，而不是归咎于外部环境。面向未来，面对挑战，要不忘初心、继续前进。2018年经济市场的冲击，为企业家们集体补上了一门课，我们要接受成长的教训，找回创业之初的那份初心，趁着这个机会，再展宏图。我们应该坚信未来，相信祖国一定会走到世界舞台的中央。我们生逢其时，当奋力拼搏！”

【专家眺望】
用心营造美好的智慧环境

科技的突破实际上是十分艰难的，既需要皓首穷经的耐心，又需要具备过人的天分。然而，针对一项基础科研取得突破后，如何做好社会、经济上的调整和跟进，同样非常不容易，因为这恰恰需要的是从顶层设计到大众认同的复杂工程。随着移动互联网、物联网、大数据等新兴信息技术的兴起，零售业、金融业等多种服务业掀起了广泛而深刻的革命，这些革命不仅是技术上的效率的提高，而且逐步改变了人们的生活和生产方式，改变了商业的竞争格局。在日新月异的医疗领域，这些新兴技术与新商业模式的结合同样在颠覆人们对传统医疗的认知。以达实智能为代表的这些从事物联网实践的企业在默默地耕耘，在思考如何利用大数据、边缘计算、区块链等新技术提供更智慧的环境以满足人们办公、出行和就医的需要。

“如今，我们聚焦中国智慧医疗大产业，提供智慧医院的整体解决方案，提供区域医疗大数据的运营解决方案，同时继续开展智慧楼宇、智慧交通和智慧城市的业务，简单用一句话归纳就是用心营造美好的智慧环境。”达实智能董事长刘磅言简意赅地说。

智慧医院背后的“智慧大脑”

作为中国智慧医院及区域医疗大数据建设运营领导者，达实智能以“让医疗更智慧、让生命更健康”为宗旨，服务智慧医疗建设。在介绍达实智能如何利用物联网技术之前，让我们先看看当前的医院是如何运作的。

首先，在患者入院环节，医院需要对患者的个人信息进行详细的登记，还为患者做各种检查。而这些信息往往是患者在上一次入院治疗时或上一家医院诊疗时已经登记过的，检查也是在上一家医院刚刚做过的。这不仅浪费了医护人员宝贵的时间，浪费了医疗资源，还为患者带来了不好的就医体验。

其次，在为患者准备手术的阶段，手术室要进入特定状态，其温度、湿度、洁净度等环境指标，以及药品、耗材、血浆等必要资源都要满足手术标准。是否达标，要靠手术室管理人员通知手术医生。这种人工做法不仅效率低下，还有可能因为沟通不及时，导致医疗事故。

再次，术后，需要对患者进行周密细致的观察。现在，虽然ICU病房设有各种监测设备，但是也只能由值班医生在值班站观察。一旦熟悉患者病情的手术医生离开病房，而患者又出现了紧急状况，值班医生只能依靠电话等传统手段呼叫手术医生。这种情况下，手术医生也很难对值班医生进行及时有效的指导。

达实智能利用物联网技术对医院进行智慧升级，以上问题迎刃而解！

患者入院时，医院可通过达实智能提供的城市医疗健康大数据平台，将已经登记过的患者个人信息及有效的检验结果，同步录入本院系统，无须重复登记和重复检验。

手术过程中，医生通过达实智能提供的医院设备智能管控平台，实时了解手术室环境状态及相关器材状态，并可对手术状态变化做出及时反应。

手术完成后，手术医生可通过达实智能提供的远程系统对患者状态进行实时观察，并可通过远程系统有效指导值班医生。

以上只是智慧医院服务患者的一个例子。自主研发的“基于 AIot 智能物联网管控平台”，达实智能为智慧医院建设提供医院建筑的智能化及节能服务，为医院手术室提供数字化服务，为医院临床提供信息化及大数据服务。而这一“基于 AIot 智能物联网管控平台”，就成为智慧医院背后的“智慧大脑”，充分发挥着物联网数据集成及枢纽作用。

智慧医院还有哪些日常运营场景呢？让我们走进达实智能服务的遵义医科大学第二附属医院，这是一所贵州省直属三甲综合医院，总建筑面积约 30 万平方米，开放床位数 1800 张，总投资近 30 亿元人民币，为 40 万人口提供医疗服务。达实智能以 HIMSS[1] 7 级为建设标准，致力于帮助遵义医科大学第二附属医院成为西南地区首家通过 HIMSS 7 级国际认证的智慧医院。

患者通过手机 App、微信公众号等方式随时随地可以进行预约挂号、诊间支付、远程问诊、检查检验报告查询。

基于达实智能的智能管控系统技术，医院信息化系统、机电系统、医疗专项系统、后勤运维管理系统等院内数据实现互联互通，打破传统医院的信息壁垒，为构建智慧医院打下良好的基础。

1 HIMSS，即医疗卫生信息和管理系统协会（Healthcare Information and Management Systems Society，缩写 HIMSS），是一个不以营利为目的的组织，旨在通过信息技术提高医疗水平。最初是成立于 1961 年的医院管理系统协会（Hospital Management Systems Society），现在总部设在美国伊利诺伊州芝加哥市。协会包括 50000 个以上个人会员，超过 570 个团体会员，以及超过 225 个不以营利为目的的组织。

达实智能为医院提供了强大的临床决策支持系统，结合国内最新医学指南与文献的知识库，以及现有信息系统中的历史数据资料，利用自然语言处理与机器学习算法，开发满足各级医疗机构管理与临床需求的系统，形成一套自给自足的临床决策支持体系，为临床决策者实时提供多维辅助决策信息，提高临床决策者诊疗水平，提升医疗服务质量。

智慧医院采用达实智能自主研发的数字一体化手术室技术，全面整合术中设备和信息系统，实现数字化沟通、数字化诊断、数字化管理及数字化记录，提升手术效率 30%。

智慧医院通过达实智能提供的自动识别、移动医疗、物联网、自动化等技术，并与医院医疗流程相结合，实现患者交接、用药、用血、检验、会诊、危机值、营养、高值耗材、消毒供应的闭环管理，从而减少医疗差错，提高医疗质量。

此外，医院里因各种病人聚集，对空气质量的监测十分重要。如果达实智能提供的医院设备智能管控平台报警显示门诊区域的温度偏高、二氧化碳浓度过高、新风系统压力异常，后勤管理人员马上通过平台在线检测门诊区域的设备状况。一旦发现设备故障，管理人员立刻通过系统把维护单发到维护人员的手机上，维护人员立即进行维护。维护完成，门诊区域的温度和二氧化碳浓度参数恢复正常，系统会自动显示维护单完成。

显然，这样的智慧医院能够带给患者更好的医疗服务。

在此之前，达实智能服务的泰达国际心血管病医院是中国首家同时通过 JCI[1] 和 HIMSS 7 级认证的医院，国内首家获得 3 块 JCI 金章的医院，国

1 JCI 是国际医疗卫生机构认证联合委员会（Joint Commission on Accreditation of Healthcare Organizations，简称 JCAHO）的国际部（Joint Commission International）。

泰达国际心血管病医院获得的 3 块 JCI 金章

内第 3 家通过 HIMSS 7 级且评分最高的智慧医院，是用于对美国以外的医疗机构进行认证的附属机构。JCI 由医疗、护理、行政管理和公共政策等方面的国际专家组成，他们分别来自西欧、中东、拉美、亚太地区、中欧、东欧以及非洲。目前 JCI 已经给世界 40 多个国家的公立、私立医疗卫生机构和政府部门进行了指导和评审，13 个国家（包括中国）的 89 个医疗机构通过了国际 JCI 认证。

为何达实智能进军智慧医疗领域才短短 4 年时间，就取得了如此突出的成绩呢？刘磅透露，顶层设计的缺乏是阻碍智慧医院发展的首要因素，由于层出不穷的新技术和错综复杂的应用，很容易发展成盲目的系统和应用投资，而忽视各个系统之间的关联性、兼容性问题，往往每次医院升级改造都会推倒重来。达实智能在智慧建筑上积累了 10 多年的功力，在顶层设计上包括在对智慧医院有完整认识的基础上，以医院最终使用者的需求和应用场景为出发点，基于自主研发的物联网管控平台，搭建出智慧医院的整体技术架构，整体规划、分步实施，从而保证医院智慧建设的理念超前和持续可升级。

刘磅说："智慧医院是智慧城市的一个重要组成部分，是综合应用医疗物联网、数据融合、传输交换、云计算、城域网等技术，通过信息技术将医疗基础设施与IT基础设施进行融合，从改善人民群众就医体验、增

泰达国际心血管病医院

强患者医疗服务获得感出发，围绕提高医疗服务质量、减轻医务人员负担、提升智慧管理能力，注重健全医院信息平台功能，加快信息系统资源整合，深化医疗服务智能应用，促进区域医疗信息服务协同。”

刘磅介绍了物联网技术在智慧医疗领域的应用：“利用物联网技术将医院的物与物、物与人以及人与人进行连接，并通过达实智能物联网平台进行计算和应用，核心算法可以根据数据量的不断积累和反馈不断完善和提升，最终实现可感知、可执行、会思考、能成长的智慧医院。”

达实智能给医院装上智慧的“大脑”，实际就是基于实时数据库的智能管控技术，包括医院智能化及节能、医院数字化手术室及医疗专项系统、医院信息化及大数据三块内容。达实智能将物联网技术很好地应用于外科手术设备、加护病房、医院疗养中，智能医疗结合无线网络技术、条码 RFID 技术、物联网技术、移动计算技术、数据融合技术等，进一步提升医疗诊疗流程的服务效率和服务质量，提升医院综合管理水平，实现监护工作无线化，全面解决现代化数字医疗模式、智能医疗及健康管理、医院信息系统等方面的问题和困难，并大幅度提升医疗资源的共享，尤其是远程医疗和自助医疗，信息及时采集和高度共享，可以缓解资源短缺、资源分配不均的窘境，降低公众的医疗成本。

虽然我国智慧医疗的发展还处于起步阶段，但是随着我国老龄化的加剧和政策的开放，智慧医疗已经处于爆发的前夜，智慧医院的建设势在必行。2015 年 5 月，国务院公布的《全国医疗卫生服务体系规划纲要（2015—2020 年）》对智慧医疗发展提出了明确目标，即到 2020 年基本实现覆盖全国人口的电子健康档案、电子病历和全员人口信息三大数据库，达到医疗服务、公共卫生、医疗保障等多业务应用系统的资源共享和业务协同。

在相关主管部门和市场主体的共同探索下，智慧医疗集合互联网 +、大数据，以及健康中国发展的相关理念，愈发受到各方的重视，为智慧医疗带来了快速发展的良机。

智慧建筑带来便利和节能

智慧建筑是智慧城市建设的一个重要节点，随着人工智能、大数据时代来临，植入智能控制系统的建筑也从传统建筑成长为一个拥有“大脑”的智慧化平台，不仅可以实现智慧的分析、智慧的定制，同时也在改变着人类的行为习惯，建筑“智慧化”让人们逐渐感知到建筑的“温度”。

2019 年 4 月启用的达实大厦，无疑是中国超高层建筑绿色智慧的标杆，它不仅拥有一个十分强大的“智慧大脑”—— IBMS 智能大厦管理系统，而且还采用了国际领先的三银玻璃幕墙以及诸多先进节能技术，实现了绿色节能的目标，成为“中国首座符合设计、运营双标准，符合深圳、中国、美国顶级权威三认证绿色智慧大厦”。

刘磅介绍，IBMS 智能大厦管理系统涵盖楼内工作、生活、物业管理方方面面，拥有 100 万个数据接入点，20 万 / 秒数据点同时响应时间不超过 1 秒。

当你走进这栋大厦，发现无须控制按钮，只需要一部手机就可以实现无感通行、无感控制的智慧办公和智慧生活。在达实大厦，每个会议室门口都有智能电子显示屏，上面直观显示会议室预订的详细情况，包括开会时间、预订者、参会人员等。会议开始前 15 分钟，会议室自动进入“会议模式”，窗帘、灯光、会议设备都会自动开启相应模式。进入会议室前只需要刷一刷脸，即可“打开”会议室的门。会议结束参会人员离开后，会议室也会自动感知到会议室内空无一人，自动切换成“无人模式”。员工用手机就能够为客户提前预约停车，还能实时监测蹲位，避免卫生间内无尽等待的尴尬。达实大厦提供全方位的监控与警报系统，在遇到入侵或火警时可通过 App 报警，并提供处置措施与逃离路线。

从达实大厦我们可以看到智慧建筑带给人们无穷的便利，而其背后是达实智能通过开展“云 + 边 + 端”协同计算技术在建筑综合管控协同上所具备的强大研发实力。

达实大厦会议室预订示例

刘磅介绍，边缘计算是在靠近物或数据源头的网络边缘侧，融合网络、计算、存储、应用核心能力的分布式开放平台，就近提供边缘智能服务，满足行业数字化在敏捷连接、实时业务、数据优化、应用智能、安全与隐私保护等方面的关键需求。它可以作为连接物理和数字世界的桥梁，赋能智能资产、智能网关、智能系统和智能服务。由于数据只在源数据设备和边缘设备之间交换，不再全部上传至云计算平台，因此，在城市物联网应用中，较之于传统的云计算，边缘计算在连接的海量与异构、业务的实时性、数据的优化、应用的智能性及安全与隐私保护五大方面具有绝对的优势，是非常适用于城市物联网结构的一种计算技术，将大大提升处理效率，减轻云端的负荷。由于更加靠近用户，还可为用户提供更快的响应。“云 + 边 + 端”协同的边缘驱动城市物联网架构必将成为城市物联网技术发展的新趋势。达实智能已经将边缘计算应用在“云 + 边 + 端”协同运作上，并以此核心技术建设了达实大厦，与阿里巴巴合作，为雄安新区市民服务中心提供了最先进的智能化及节能服务，负责制定了雄安新区智慧建筑的物联网标准。2018 年，雄安达实建设完成了雄安新区第一标“雄安新区市民服务中心”项目，达实智能主要为其提供智能化及节能服务，打造出了物理空间与数字空间相结合的数字孪生城市，为千年大计走好第一步提供优质的服务。

刘磅指出，数字孪生是以数字化方式创建物理实体的虚拟模型，借助数据模拟物理实体在现实环境中的行为，通过虚实交互反馈、数据融合分析、决策迭代优化等手段，为物理实体增加或扩展新的能力。

经过多年的沉淀和辛勤的耕耘，达实智能在智慧城市建设的多个细分市场占有率全国第一，包括高端酒店、住宅社区领域市场占有率全国第一，城市综合体、工业、公共建筑等多个领域业绩均名列前茅。在智慧建筑领域，达实智能创新提供基于云的IoT解决方案，为客户提供建设和运营服务，以人工智能与物联网为传统建筑赋能。

智慧建筑是建筑行业未来发展的方向。美国智能建筑占新建建筑的比例为70%，日本为60%。2013年，我国智能建筑占新建建筑的比例仅为34.12%。而未来我国智能建筑在新建建筑中的比例将保持每年3个百分点左右的提升速度，到2020年，我国智能建筑在新建建筑中的比例有望逼近60%。我国建筑智能化市场规模将从2005年的200亿元人民币，到2012年的861亿元人民币，再到2015年的1800亿元人民币，保持年平均26%的增长幅度，预计2020年或可达6400亿元人民币。建筑智能化行业发展潜力极大，被认为是中国经济发展中一个非常重要的产业，其产业带动作用更是不容小觑。

智慧城市是以建筑物为平台，基于对各类信息的综合应用，并赋予建筑管控平台以感知、传输、记忆、推理、判断和决策等综合智慧能力，形成以人、建筑、环境互为协调的整合体，提供安全、高效、便利及绿色生态、可持续发展的主动式建筑。

拥抱万物互联智能时代

现在的云网端是第一代互联网基础设施，其容量是为70亿人上网而建设准备的，而机器智能物联网由成百上千亿台智能体组成，包括自动驾驶汽车、无人机、无人船、数字机床、聊天机器人、导购机器人、智能摄

刘磅在第 20 届全国医院建设大会开幕式上致辞

像头、智能音箱、智能路网等。天然具有 O2O [1] 属性，超高频机器智能之间的互动流量将带来机器智能物联网全面升级至第二代物联网基础设施。

1 即线上到线下（Online to Offline），将线下的商务机会与互联网结合，让互联网成为线下交易的平台。

5G 技术的到来，恰恰带给我们这样一次宝贵的升级机会，可以让我们的物联网基础设施迈向更高的水平，万物互联智能时代将真正到来。5G 技术的到来将带来异常快的速度、最大的连接性、超低时延[1]（目标是小于 1 毫秒）、无处不在的覆盖范围，以及其他一些显著的好处，这些优势将使物联网比现在更加优越和有效。相比较 4G 而言，5G 网络协议还在低时延、超低功耗、多终端兼容性等层面上进行了跨越级提升。

随着人工智能、5G 技术的普及，物联网很快将进入更个性化、更智能化的时代。因此，我们可以说，从智慧医院到智慧建筑、智慧交通，这些应用只是物联网世界的冰山一角，未来还有更多的可能性等待人们去探索。

刘磅指出，5G 技术的普及将极大地激发全球智慧环境的市场，以深圳医院建设为例，未来 3 年深圳将大规模建设智慧医院，以满足人民群众对医疗健康日益增长的需求，这对于从事物联网产业化的企业是一大利好。未来，智慧城市建设都会应用到新技术，如云计算、物联网、互联网。物联网是在云计算之下把所有的物互联，互联网在云计算之下把所有的人互联，云计算解决的是人类的生产力的问题，它提高了人类的生产力。区块链是什么？区块链解决的不仅是生产力问题，更重要的是解决人和人之间互联之后人的生产关系的问题，把人这个单体随机随时融入人类的生产关系要素当中，这是改变人类的生产关系的。再延伸到人工智能，人工智能要改变的不仅是生产力和生产关系，它要改变人类自身。所以未来这些新技术的运用日新月异，不可限量，不可预测。

刘磅对未来的憧憬既带有企业家精神，又充满形而上的思考："未来

1　时延即一个报文或分组从一个网络的一端传送到另一端所需要的时间。它包括了发送时延、传播时延、处理时延、排队时延。

新技术不可预测，我们要用心去为众人之幸福而谋企业发展，达实智能会坚持在技术领域、商业模式领域不断创新，为城市居民提供更智慧的生活、更智慧的医疗服务，提高医疗效率，改善就医环境，优化医疗资源配置。”

02 香港万家智控：让高楼大厦更智能

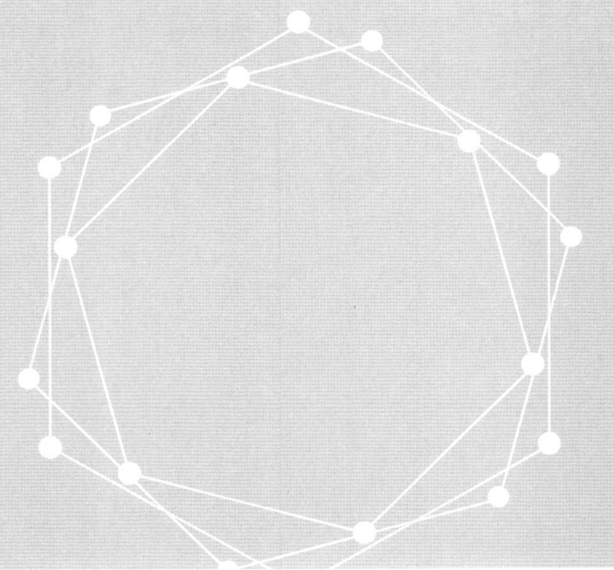

粤港澳大湾区
战略性新兴
产 业 研 究

企业档案

香港万家智控

香港万家智控有限公司（以下简称“香港万家智控”）于2013年6月注册成立。2016年年初，香港万家智控在香港的业务逐渐稳定、产品渐趋成熟、技术在香港市场得到肯定。联合创始人林恒一博士看到内地的经济及科技正在高速发展，各大省市都在推进智慧城市建设，刚好香港及深圳两地政府也大力鼓励科研初创企业到深圳发展，林博士团队认为这是进入内地发展的黄金时间，在2016年年初迈出北上的步伐，进驻前海深港青年梦工场，致力于以智能大厦为中心，透过研发智能硬件，建设物联网的应用平台，并且运用大数据分析开发不同的应用平台。

【创业历程】

林恒一：博士创业演绎深港“双城记”

如果通过无人机的视角鸟瞰，深圳前海深港青年梦工场的 8 栋白色楼房错落有致地排列成一个巨型“梦”字，绿油油的草坪填补了楼房之间的空白，让这里看起来更像是某个艺术街区。正因为青年梦工场的办公环境优雅别致，地理位置优越，所以吸引了大批香港创业者在这里扎堆落户。

香港理工大学博士毕业生、香港万家智控联合创始人林恒一于 2016 年春天就带着团队入驻前海深港青年梦工场，他与团队创办了香港万家智控的子公司——深圳凝方科技有限责任公司，从此开启了深港“双城记”的工作和生活模式。

边读博士边创业

“85 后”林恒一是名副其实的高学历创客。林恒一在香港理工大学读博期间，致力于运用大楼不同空间的温湿传感器等数据，利用人工智能算法建立人体热舒适（Thermal Comfort）的模型，让空调控制系统可以根据不同空间使用者的需求而自动调节空调温度，一方面可以节能减排，另一方面可以提升使用者的整体舒适度。2012 年，他在香港理工大学读博士二年级时，就申请到一笔 10 万港币的微型创业基金，于是启动了自己的创业计划。

“我当时在深圳参加一个关于楼控系统的专业培训，结识了同是来自香港的青年苏颂尧，他拥有多年的楼控系统的工作经验，对楼宇控制领域的认知非常有经验，而且他当时也有创业的想法，所以我得到了创业基金后，第一时间去找他，要他做创业搭档，我们俩一拍即合，商议起创业的具体事宜。”林恒一回忆了最初创业的缘起。

半年后，林恒一顺利获批进入香港数码港孵化器，获得为期两年的入驻资格，于是 2013 年 6 月注册成立了香港万家智控，决心把他在大数据、物联网、人工智能等领域的研究成果应用于智能楼控系统。

他指着一台空调告诉笔者：“如果这台空调坏掉了，客户就得找代理商安排维修，代理商安排师傅到现场评估，然后后面走流程，从维修到解决，整个周期都要好几周，这不但导致客户的用户体验不好，而且也会导致代理商要承担额外成本，费时费事。反过来，假如我们在空调上利用智能硬件监测设备，当空调刚开始出现毛病时，代理商已经可以提前知道，主动提供售后支持，不但可以节约成本，对客户而言更是贴心的服务。这些运行数据对厂家来说也是非常宝贵的，可以让他们掌握到产品经常出现的问题，对他们以后生产的设备和研发都提供了重要的信息。”

学计算机的林恒一在读博阶段就有志于将学到的知识应用于商业领域。然而，边读博士边创业的生活并不轻松。林恒一白天面对客户谈业务，晚上回到香港理工大学图书馆做研究，回家通宵熬夜写论文是稀松平常的事，每天只能睡两三个小时。

为何要如此拼命呢？他说："我曾经也想过，如果等我博士毕业才找一

林恒一

家大企业上班积累经验，然后再出来创业，那可能超过 40 岁了，可能我的创业激情会因为家庭需要和心力不足而彻底消退了，所以我要趁年轻的时候为梦想闯一下，有效压缩自己人生的时间，将事情同步进行，把时间利用到最大化。我也一直在思索，30 到 40 岁，是人生最黄金的时间，是应该将以前学习到的东西、累积到的人脉好好发挥出来的时候，并且应该好好用学到的东西为社会做贡献，这就是我创业的初心。"

对刚刚创业的林恒一来说，寻找客户并不是最难的事情。他解释道："虽然我没有在商界工作的经历，在读博的时候就直接创业，可能有人会觉得我缺少工作经验和人脉资源，但是我的搭档苏颂尧已在商界累积了多年的项目经验和人脉，我们俩配合起来就非常好。当我们最初开公司的时候，我们先从一些认识的客户着手，以成本价格为他们做一个雏形系统，然后在获得客户的认同后，他们自然愿意付钱去采用我们的服务和产品，这些系统甚至成了他们企业内部系统，包括能源管理和智能办公室控制系统。"

令林恒一更自豪的是，他们其实并没有投入资金去创业，而是通过项目的收入作为公司资金的来源。经过多年的努力，香港万家智控的能源管理系统被在绿色环保领域比较著名的太古地产采用，并为太古地产超过 20 多栋香港甲级商业大楼分析每栋大楼主要设备的能耗，提供科学化的分析和整理，为企业节能减排。

香港特区政府对楼宇有节能指标，而香港万家智控研发的楼控系统恰好能通过智能化检测协助楼宇管理者节能减排，因而有直接的市场需求，香港万家智控的高科技产品一面市就得到楼宇管理者的青睐。

热心社区公益活动

“我是一名香港土生土长的‘85后’，从小在基督教背景的学校读书，并在充满爱及学习机会的教会环境中长大。我在教会也常常有参与筹办不

香港万家智控获得的各种奖励证书

同活动的经验，与不同年纪、性格与专业的人合作。昔日的导师都成了我的好榜样，所以当我长大后，也学习成为年轻人的导师，陪伴他们在成长的路上一同经历，故对自己处事及品格方面有严格的要求。”林恒一认为自己虽然没有在其他企业工作的经验，但是他在参加香港的社区公益活动中各种能力得到了锻炼。

他说：“我很愿意投入参与社区中不同的关怀及探访活动，关注社区中的弱势社群及新移民。我获邀参与社区不同的服务工作，包括担任了教会所营办的青年中心，担任委员会副主席，同时也是香港数家中学、小学、幼儿园的校董。我希望能够运用自己在学术界的知识及工商界管理的经验为学校献策，并支持不同校董在学校的行政管理及学术方面的提升。”

除此之外，林恒一也经常获邀在不同场合跟年轻一代分享他的创业故事，期望能鼓励“90 后”和“00 后”的新生代积极向上。“香港社会最近几年很多年轻人对未来感到迷惘，我觉得是因为他们缺乏了目标及方向，所以很希望以过来人的身份来跟年轻人去分享。每当我分享自己在攻读博士学位的同时又创业，并且自己从来没有在商界工作过，却要带领公司的团队跑业务、做研发、见客户，并且到内地开公司，年轻人他们都特别感兴趣，会在每次活动后主动跟我交流，我觉得这个是我跟新一代年轻人的连接点，让我可以跟他们特别投契。”林恒一多年来积极支持及推动香港年轻人多关注社会，将正能量的信息带到社区及校园，这种积极和正向的思维也许就是他在学术和创业方面成功的因素之一。在 2018 年，他获得了大湾区青年领袖奖项，这足以肯定其对青年、社会发展的贡献。

进军“深港青年梦工场”

2015 年，林恒一博士毕业，当时香港万家智控也从为期两年的香港数码港孵化器正式“毕业”，他决定离开这个成长的地方，将公司搬到靠近商业区的观塘。

这时，香港特区政府和内地深圳市政府在积极支持香港有科研背景的年轻创业者到深圳前海发展，林恒一考虑到香港万家智控在香港的业务已经逐渐稳定，技术被市场认可，并有了丰富的楼宇智能化管理经验，于是想要向内地扩大影响力，而且内地经济和科技高速发展，国家开始发展粤港澳大湾区，他认为这是进入内地发展的黄金时机。于是，林恒一把目光转向前海自贸区[1]。

在前海自贸区，为了吸引香港青年来前海创业，由前海管理局、深圳青年联合会和香港青年协会三方发起，专门成立了“深港青年梦工场”。深港青年梦工场改变了香港创业者们的生活轨迹，也见证了深港两座一衣带水的城市互融互通的过程。

2016 年年初，林恒一先找到了当时负责前海香港创业青年招募的香港青年协会，得到的答复是梦工场的空间已满。他并未放弃希望，而是通过朋友的辗转介绍，接触到了当时在前海深港青年梦工场前海厚德孵化器的负责人慕容志辉，在他的帮助下，得到了向他们董事长邓永强路演的宝贵机会。

在前海深港青年梦工场路演当天，林恒一的团队前面还排了好几个创业团队，据说这些团队得到邓永强的评价要么是“你们还没准备好”，要

1　2015 年 4 月 27 日，深圳前海蛇口自贸区正式挂牌。

林恒一博士毕业照

么就是“你们的产品没有竞争力，不行！”。这让林恒一顿时忐忑起来。他记得，那天最后跟邓永强聊了大约 20 分钟，聊完之后，邓永强给他们团队提出了一些建议，并让他们修改后将资料提交给慕容志辉。

林恒一说：“我当时心里暗想：恐怕没戏了。没想到前海厚德孵化器的负责人慕容志辉对我说：‘如果真的没戏，邓董会在 5 分钟左右就不让你讲下去，现在不仅听了 20 分钟，还给出修改意见，代表基本上已经没太大问题了。’果然，不久后我就得到了进驻的回复。我感觉自己真的很幸运，我相信邓董是看重我们团队在香港已经有了成熟的技术和市场，对我们团队利用楼宇管理进行大数据分析应用的理念比较认可。”

林恒一的合作搭档对他进驻前海的决定也非常支持。担任香港万家智控技术总监的苏颂尧说："我自己觉得香港人不一定要在香港发展，其实我们也想有我们自己的梦想，有我们自己的事业，我觉得在内地发展的机遇更多，还有就是我们可以施展我们自己的技能，在内地有更多机会。”

而且，苏颂尧还介绍了自己大学同学萧钧泽加入香港万家智控核心团队。身为剑桥大学工程系硕士的萧钧泽，本来可以有很好的求职选择，但他在英国读书期间目睹了身边一个 10 人的创业公司成长为几百人的大公司后深有感触，回国后毅然投身到创业大军中。在他看来，深圳在科技领域道路上比香港走得更深更远，近年来诞生了华为、腾讯、比亚迪等一系列世界级企业，所以他决定选择来这里开展自己的事业。

进驻前海之后，林恒一感受到前海深港青年梦工场比香港数码港有更浓厚的创业气息。“前海深港青年梦工场的一些管理模式贴近香港，还在租金、税务等方面给青年创业者政策优惠，有助于初创团队成长，而且，前海这边负责创业团队审核、对接的人真的是懂行的，很多是风险投资 VC（Venture Capital）出身。”入驻前海后，林恒一与团队成立了深圳凝方科技有限责任公司，很快，公司开始顺利运作起来。

尽享“双城生活”的便利

每个礼拜有 3 个工作日，林恒一早上会从位于香港新界元朗的家里出发，到位于深圳前海深港青年梦工场的办公室上班，傍晚时分再返回香港。这样的“双城生活”，他坚持了 3 年多，时至今日已经习以为常。

香港万家智控联合创始人林恒一来到前海深港青年梦工场创业

林恒一并没觉得“双城生活”特别辛苦，反而是享受这种双城的生活模式。

他说：“我一般早上 9 点多出门，大概 5 分钟到公交站，半小时后到达深圳湾口岸。我用港澳居民来往内地通行证走自助通道，人不多的话几分钟就可以完成过关手续。过关后打个车，大概 15 分钟就到办公室。从家到办公室加起来 1 小时就够了。我刚到前海时就在手机里下载了各种应用程序，吃饭、打车、支付都可以用手机搞定。上下班交通也挺便利，有时我下班从深圳回香港，还来得及到父母家吃晚饭。”

目前，香港万家智控三个核心成员有具体分工，林恒一和萧钧泽的工作主要在前海，苏颂尧在香港带领团队做楼宇智能控制的项目实施。

林恒一在前海组建的团队已经有十几个人，他感觉到内地学理工的年轻人才知识更丰富，工作态度也更踏实，“香港更多是金融和管理方面的人才，而理工科毕业、愿意从事研发工作的香港人才并不多”。

进入梦工场后，由于粤港澳大湾区的建设提上了日程，林恒一团队作

林恒一（左一）与联合创始人萧钧泽（中）、苏颂尧（右）合影

为香港率先来深圳发展的新型科技企业，曝光率和知名度也大大提升，成了内地及香港传媒、大学等机构采访及邀请做分享的对象。“我们也有机会接触到各地前来考察的政府部门、企业等，为市场开拓提供了不少机会。而且，在前海我们也接触到不少前来考察的香港企业，与许多香港名人在此邂逅，促进了香港的业务发展。”林恒一感受到了入驻前海带来的便利和惊喜。

在林恒一看来，深圳除了创业氛围浓、专业人才密集之外，发达的电

海港青年商会邀请林恒一分享公司在大湾区的发展

子信息产业更为他的新产品研发提供了可能。

他拿出一个巴掌大小的盒子，介绍道："这是我们在前海这里开发的智能硬件 Piazza，它基于物联网技术，可以连接办公室内的电表、温湿传感器等一般楼控设备，目前已经被用在香港不同的项目上。我们在前海研发不同类型的智能硬件，可以直接在深圳找到产业链资源来生产，并且把这些智能硬件放到自己香港的项目上应用，这样就可以更有信心地去做研发，不用太担心市场。"

下一步，除了把智能硬件产品应用到香港的项目，林恒一还打算开拓广阔的内地市场，他对大湾区发展充满信心："智能楼宇系统在内地有广阔应用空间，我们打算开始内地市场的销售，把香港的先进智能楼宇控制经验引入内地市场，特别是好好利用政策，先从大湾区开始。"

林恒一创办深圳凝方科技有限责任公司 3 年多来硕果累累，2018 年林恒一团队研发的项目入围"招商杯"前海粤港澳青年创新创业大赛决赛，他成了香港和内地记者经常访问的对象，成了香港青年科研创业者的典范。

2019 年 2 月，国家公布了《粤港澳大湾区发展规划纲要》，更是给前海的企业增添了信心，林恒一透露："我们已经计划在珠海组建销售和技术支持团队，目前也正在接触具有国际视野的投资者。"不久的将来，他的"双城生活"模式就将切换成"多城生活"模式，相信他的创业梦想必将更加精彩绚烂。

林恒一团队开发的项目进入 2018“招商杯”前海粤港澳青年创新创业大赛决赛并成为优秀项目之一

【专家眺望】
能源管理有助于建筑节能降耗

近几年来，智慧城市的概念在国内非常流行，而在林恒一看来，说到智慧城市肯定离不开智能楼宇，因为高楼大厦是一座城市的基本构成元素。如果高楼大厦在能源管理、设备控制、物业管理方方面面自动化程度很高，是名副其实的智能楼宇，那么我们距离智慧城市的目标肯定就不再遥远。

他指出，随着内地智慧城市的迅速发展，智能大厦及物联网的应用成了重要的部分，有巨大的市场潜力。

按体感舒适度自动调温

如果一栋大楼能够知道你的身体感到舒适的温度是多少，并且在你进入办公室后能够自动地调节到你需要的舒适温度，是不是让你觉得这栋大楼很智慧呢?

这就是林恒一在恒基地产的一栋甲级商厦实现的技术革新。

林恒一说 :“一直以来，我们控制空调主要通过设定温度，而非人体的舒适程度。香港大部分的公共交通及商业办公室都被长期设置较低的空调温度，一方面使人感到不适，影响健康及生产力，另一方面亦造成电力的浪费。而物业管理处并不能掌握每家单位及空间内的客户实际需要的空调温度，而且普通人亦只能表达感观上的舒适程度而不敏感于数字上的温度。

中央空调系统占大厦四成以上的耗电，大部分的中央空调系统运作都由物业管理人员操作，由于用户信息局限，并未能按照大厦用户的实际需求及天气等变化而做出实时调整，使大楼用户经常感到过冷或过热，影响了屋内工作人员健康及城市整体生产力。”

结合在实施楼宇控制项目的经验，林恒一认为传统楼控系统的运作如果能够善用信息及通信科技，不但可以为楼宇提升价值，也可以有效地达到节能减排的目的。他的博士研究的重点方向就是解决这个问题，用户通过智能手机应用程序表达他们对现时室温的舒适程度，系统通过用户的表达，并结合室内及室外等温度的参数值，利用人工智能算法为他们建立体感模型，目的是可以计算出不同时间让用户感到最舒服的温度，并自动为他们调节而不需要人主动去操作。

“研究显示，我们的人工智能体感模型可以节省 33.8% 的用电量，并提升 18% 的舒适度，我与我的香港理工大学博士生导师王丹教授一起研发的‘按体感舒适度自动调节室温’的研究成果已获国际 2017 TechConnect 全球创新奖。”林恒一语气里透着自豪。

“当我们有了这个体感舒适模型，对于一些办公室的应用场景，他们可以先将传统的温度控制器透过我们的智能硬件改造变成物联网的一部分，并结合楼控系统、传感器及控制器等相关设备，这样一来，我们也协助了物业管理人员控制大楼内的空调运作，并按用户舒适度而智能设置空调等设备的运作，不但可以节省能源，减少客户的投诉，还可以有益健康和提升舒适度。”

这些研究成果早在 2016 年就被应用在恒基地产出售的北角京华道甲级商厦，并协助大厦获取了各项绿色大厦奖。截至 2019 年 5 月，香港万家智控的客户已经包括太古地产、恒基地产、中华电力、汇丰银行等 。

能源管理可实现节能降耗

今天，能源已成为人类社会不可或缺的基本要素，而目前住宅建筑和商业建筑的能源消耗占全球初级能源消耗的 30% 以上。为应对能源效率和可再生能源生产的问题，一种新的建筑范式，即“近零能耗建筑”应运而生。“近零能耗建筑”范式既可应用于新建筑的搭建，也可应用于旧建筑的翻新，以促进建筑环境的彻底改造。然而，人们越来越关注模拟能量性能与实测能量性能之间的不匹配。从根本上说，差距大小由设计、施工、调试和运行阶段的错误造成。为了将这些错误带来的影响保持在可接受和可量化的范围内，应在建筑生命周期中采用适当的指标和基准策略，并将其贯穿整个行业的价值链。能源管理之所以成了一个重要的工具来评估大楼内主要设备的运行情况，是因为它可有效地实现节能降耗，通过能源监控、能源统计、能源消费分析、重点能耗设备管理、能源计量设备管理等多种手段，使楼宇管理者对建筑的能源成本比重、发展趋势有准确的掌握，从而可以找到耗电效益比较低的地方，对症下药，提升能源效益，节能减排。

香港万家智控成立之初能在香港打开市场，也得益于香港特区政府制定的建筑节能的法规。林恒一说 ：“香港特区政府于 2012 年开始法律规定所有商业大楼需要定期提交《能源审核报告》，背后代表了每栋商业大楼都需要清楚知道自己的能耗状况，有系统的记录，并且要提出节能减排方案。”

能源资源不断被消耗，要实现绿色可持续发展，不仅要开发新能源，如利用太阳能、风能、核能等，而且要节约现有的能源资源，做到节能减排。根据研究部门发布的《2013—2017 年中国智能建筑行业市场前景与投资战略规划分析报告》显示，国内楼宇建筑所消耗的总能源的总量不断增加，建筑耗能占到我国社会能源总消耗量的 33%，能源管理系统在这种情况下就变成了不可或缺的系统。

北角京华道甲级商厦

掘金智能楼宇云服务

林恒一介绍，为了更好地提供智能楼宇服务，目前香港万家智控的产品包括三类：一是云端能源管理系统，为大楼能耗提供可视化及全面的信息；二是智能手机 App，让用户对不同品牌的设备及系统统一控制监控和智能应用；三是智能硬件，利用物联网技术使大楼设备数据云端化，实现控制智能化。

物联网传感技术的发展，使不同类型的传统设备都能够透过连接硬件层面而获取数据，对设备的运行参数进行实时采集、整理和分析，将数据信息上传到云平台和移动端运用程序，将大数据技术运用于大楼能源管理，帮助企业带来更快、更准确的运营信息，给予用户更好、更舒适的室内环境体验。

“随着 5G 时代的来临，数据传输在地域和量级上已经不再是问题，配合信息科技的技术不断进步，智慧城市的发展在未来 10 年将会经历更重大和更快的改变，楼宇内的人和设备的数据将会作为宝贵的资源，促使不同的开发者推动创新应用。例如，利用大数据的技术，可以深层次挖掘与分析，寻找能耗使用规律，发现能效的提升空间。”林恒一举例说明他们可以怎样利用创新科技来推动智能楼宇和智慧城市的建设。

2019 年 4 月，林恒一团队研发的一对一替换传统灯开关和温控器的 Zion 产品顺利实现了量产。林恒一透露：“使用这款产品可以免除用户重新布线的麻烦，直接替换现有的开关和温控器就可以使空调等电器设备直接上网，变成物联网产品。”

近年来，由于政策的支持、业主的重视以及智能化系统本身的价值得到体现，智能楼宇市场蓬勃发展。根据近几年数据显示，我国每年新开工楼宇面积约20亿m^2，其中公共楼宇业地产楼宇大约占4亿m^2，政府保障房、经济适用房和住宅地产大约占16亿m^2。按楼宇面积测算智能楼宇市场大约为4000亿元人民币。这个庞大的市场为包括安防在内的行业及企业提供了很好的市场机遇，也促使这一领域的市场竞争日益激烈。

面对国内广阔的市场，林恒一非常有信心："香港的先进智能楼宇控制经验在内地市场大有用武之地，要将传统的物业管理从粗放式转化成精细化、智能化管理，这中间有大量的工作可以做，不仅可以节省能源，而且可以用新技术切实帮助到广大物业管理公司降低运维成本，这是非常有意义的工作，我会投入全部的精力到这份事业中去。"

03 百胜扬：工业级物联网的追梦者

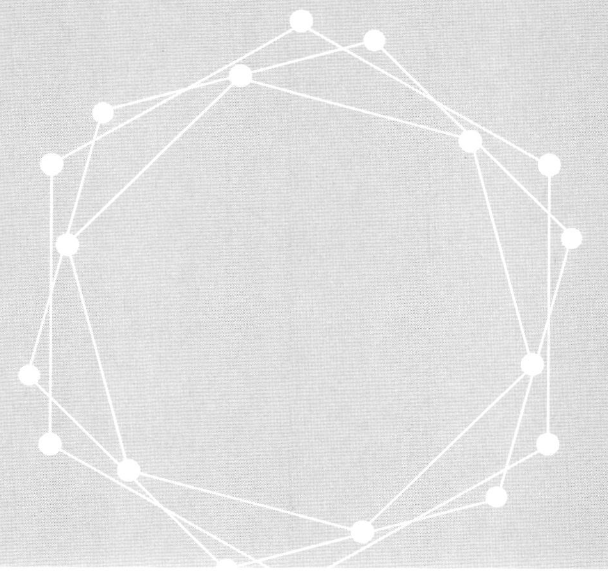

粤港澳大湾区战略性新兴产业研究

企业档案

百胜扬

深圳百胜扬工业电子商务平台发展有限公司（以下简称“百胜扬”）于2015年7月在深圳市南山区由加拿大多伦多大学海归博士陈万林创立，注册资本1000万元人民币。2017年荣获“深圳市高新技术企业”资质。公司已获40多项软件著作权/专利授权。

百胜扬公司业务为1+N，其中1是一个物联网、工业云服务平台UCCP（Universal Corporate Crossing Plan，即“通用企业跨越计划”），N是基于UCCP的各个垂直领域的子平台，每个子平台与各行业龙头企业共建和共享，一些子平台要部分或全部转让给龙头企业而回笼资金。目前，百胜扬已经在新能源汽车制造、智能机电、医药等行业建立了垂直子平台，覆盖广东、浙江、上海、江西等地。

立足粤港澳大湾区，面向全世界，百胜扬UCCP的愿景是成为知名的工业级物联网平台。

【创业历程】
陈万林：从中专生到博士企业家的逆袭传奇

百胜扬总裁陈万林是一个经历曲折的人，他不仅是多伦多大学第一个没有本科学历的博士生，而且在命运转折点创造了多次逆袭的神话。“我有一个人生的信条，就是命运有时会给你开一些玩笑，如果你勇敢地接受了它，并迎难而上，那么就可能反败为胜，这才是人生最精彩的地方。”陈万林如是说。

百胜扬的物联网平台已经在新能源汽车制造、智能机电、医药等行业开始应用，地域覆盖广东、浙江、上海、江西等地。如今，百胜扬借助 5G 技术的东风，正向瞄准成为知名的工业级物联网平台的目标加速前进。

中专生怀揣反败为胜的梦想

1985 年的夏天，15 岁的陈万林正好初中毕业，本来已经是考入江苏省重点高中扬州中学，可因为父亲不幸病故，面对一贫如洗的家庭环境，他不得不放弃读高中的计划，转入无锡无线电工业学校读中专。

“我的舅舅是一个总账会计师，是传统知识分子，他对我的成长帮助很大。每逢寒暑假，我就常去舅舅家里。春节时，他在我舅母给了我一份压岁钱后总要给我另一份更多的压岁钱，也经常带着我去他的单位值班，甚至我们俩常常睡一个被窝里，听他给我讲人生的哲理。舅舅知道我想读大学，但是受经济条件制约只能读中专，心里肯定很苦闷，就鼓励我要懂得去面对和接受命运开的一些玩笑，迎难而上，反败为胜，这样才会让自己的人生更精彩。”陈万林的眼睛里流露着对舅舅的感激和怀念。

中专毕业后，他被分配到大型国有企业熊猫电子厂做技术员，每月领着 300 元的工资，开始为家里贴补些家用。他是个沉默寡言、平时爱琢磨事情的小伙子，对单位的上百套大大小小的模具都仔细研究了一番。当时，熊猫电子厂进口了一套模具，要把电视机从传统的弧形设计改成平面直角的设计，陈万林被选入这个项目组，很圆满地完成了技改任务。当他被评为优秀员工后，意外获得了派驻浙江蹲点的任务，在宁波工作了 8 个月，在这段时间，他抓紧时间看书，把大学数学、英语、政治和自动控制原理等各科课本自学多遍，备考研究生。

“没想到的是，我要考研究生需要单位出具证明，当时熊猫电子厂的技术总工不让我报名，说单位那么多名牌大学毕业生都考不上研究生，凭什么你一个中专生能考得上？这不是明显浪费一个指标嘛。”陈万林不服气，找到关系去给厂领导说情最终获得了考研究生的资格，“只要给我一次机会就够了，我肯定能考上”。

就这样，1993 年春天他参加了研究生考试，顺利考上了大连理工大学机械工程系攻读硕士学位，这让熊猫电子厂的领导大为惊讶。

在研究生录取通知书还没有下达之前，陈万林向单位领导请了 3 个月事假。由于他的母亲生病和家里生活需要钱，为了多挣钱，他来到深圳一家外资企业打短期工。本来月薪是 700 元，可由于他在一周时间内做出的天线模具竟然一次试模成功，总经理破格给他涨到月薪 3000 元。

深圳的夏天相比江苏的更为潮湿炎热，而在陈万林眼里却是火热而可爱的，他的工资大幅上涨，公司给他提供单人宿舍、自行车等各种福利。当研究生录取通知书下达的时候，他犹豫了。“我的舅舅常给我写信，在信的第一句话总是写着‘甥儿如儿’,‘你不要担心,反败为胜才是真的勇士，如果读中专是你求学生涯的遗憾，那么考上研究生就是一次反败为胜的跨越’。我反复读着舅舅的来信，面对公司老总的高薪挽留，我还是决定要去读研究生，因为这是我人生的梦想，那个年代能考上研究生太不容易了，何况我是一个中专生直接被录取为研究生。”

成为多伦多大学的一名博士

陈万林就像一块被抛到大海里的海绵，在大连理工大学拼命地汲取养分。本来是专攻机械工程系里的材料成型方向，但他把计算机系、力学系和数学系研究生部分专业课也一并学完了；本来修完 30 多个学分就可以毕业，但他一共修完了 60 多个学分，功课平均分在 90 分以上。而且，他在学习之余，把在熊猫电子厂和深圳打工期间所做的厚厚的调研笔记整理成了一本书——《实用塑料注射模设计与制造》。后来，这本书在机械工业出版社出版，竟然成为制造专业领域的畅销书，一版再版。

1996 年 4 月，北京理工大学聘请陈万林为材料成型与特种加工专业教师。在教师岗位上，他一干就是 4 年多，他当班主任的班级获评“北京市优秀班级”，并参与编写学校内部教材《现代制造技术》，他本人也被评为“优秀青年教师”。

“我参加了托福考试、GRE[1] 考试，获得了研究生科技奖学金，并且获得加拿大多伦多大学博士录取通知书，我借了一笔路费就出发了。”陈万林万万没想到，去多伦多大学报名的时候居然被告知不予录取，原因是他没有学士学位，多伦多大学从来没有录取过一个没有读过本科的博士生。

“我当时就像被浇了瓢凉水从头冷到脚，那时我还住在学校外面临时租的房子里，多伦多大学研究生院院长又在休假，十来天里我坐立不安，食不知味，感觉命运给我又开了一个大大的玩笑。”陈万林自嘲地说，“后来院长回来了，仔细审查了我的所有材料，最后亲自签署了‘完全合格’的文件，我才领到了第二份录取通知书，得以成功报到。”

后来，在陈万林的博士毕业庆祝酒会上，他的博士生导师致辞的第一句话是：“4 年前，我不知道他能不能毕业，今天我终于明白，他可以多么完美地毕业了。”在多伦多大学，他在机械与工业工程系攻读博士学位，在 2003 年到 2004 年年间，陈万林由于课题研究需要被派往美国加州理工学院进行博士论文研究，在加州理工学院期间，他不仅获得一些数据上的突破，圆满完成了研究任务，而且发表了重量级学术论文，导师很乐意推荐他去加拿大的大学执教，但他为了摆脱贫困的经济状况，决定走向工业自动化领域去打拼。

1 即美国研究生入学考试，全称 Graduate Record Examination。

从跨国公司高管变身为企业家

2005 年 2 月，陈万林加入世界百强汽车零部件集团、加拿大第二大汽车零部件制造集团 Linamar 的发动机制造中心，任 Linamar Production System 经理兼架构师，其间陈万林及其团队调研了数百家供应商及相关企业，系统化地架构了 Linamar 的端到端系统，并在业余时间完成了基于其对丰田生产管理系统研究基础上的 Leanterprise 供应链软件，其中部分已经被无偿应用于 Linamar 公司，产生了很好的效果。

"工作期间，我对如何实现 B2B[1] 企业之间的互联互通很感兴趣，这是非常有意义的事情，因为世界的发展很大程度上基于企业的发展。比尔·盖茨在他的《未来之路》一书中畅想了企业互联互通的信息化高速公路。如何打造企业互联互通的信息化高速公路，则正是物联网的事情。于是，我就很自然地进入了物联网产业。在 Linamar 工作的那几年，我到现场走访过数百家供应商，从钢厂到零部件厂，每到一家企业现场调研我都做了详尽的笔记，几年下来积累了足足有两大皮箱的笔记，这些调研资料其实也为我日后创业奠定了深厚的产业基础。"

工作之余，陈万林所著的《实用六西格玛质量突破——迅速 - 精准企业管理之路》一书，以及英文著作 ***A Big Bridge Ahead: Develop the Future Enterprise Execution System***（译名：《大桥在前方：开发未来企业执行系统》）出版后获得很好的反响。

2008 年，陈万林受聘于芬兰诺基亚（Nokia）集团，担任诺基亚生产

1　即企业对企业（Business to Business），指企业与企业之间通过专用网络或 Internet，进行数据信息的交换、传递，开展交易活动的商业模式。

制造体系首席架构师，并被世界顶级 IT 机构 Gartner 评选为全球供应链系统代表。在此期间，陈万林参与了诺基亚全球运营系统架构和开发，并深度研究了诺基亚已有的 300 多套信息化子系统。在向诺基亚董事会提交了一份 Nokia 2.0 信息化及运营系统计划期间，由于诺基亚更换了 CEO[1]，新 CEO 来自微软公司，其工作重心不是 Nokia 2.0 系统，陈万林于 2011 年 9 月从诺基亚辞职，并于同年创办加拿大多伦多 Polyunity 公司和厚都城（北京）技术有限公司，厚都城即百胜扬的前身。

2010 年秋天，他应高交会组委会邀请，主持高交会手机论坛，并做了主题为“如何全面构建一个跨国手机公司的端到端运营系统以及相应 IT 系统支撑”的演讲。“会后，有华为核心部门主管直接找到我，希望我能为华为工作，我拒绝了华为的邀请，因为我当时一心想创业，我带领一个小团队在创业后的 3 个月内获得华为的项目合同，为华为终端公司提供全套的新产品研发验证管理信息化系统。这个系统在 2013 年 3 月成功上线，并获得华为内部 IT 铜奖。”陈万林回忆道，“华为选择合作伙伴非常严苛，如华为整个系统的财务账务模块、数据库等由世界第三大软件商 SAP（思爱普）和世界第二大软件商 Oracle（甲骨文）提供。百胜扬所要做的是，与 IBM（国际商业机器公司）和三星等方案团队合作，将新产品研发验证管理信息化系统有机集成到华为的财务账务和数据库系统，最后将百胜扬的新产品研发验证管理信息化系统有机地融合到华为的整体数据体系。百胜扬如今已经为华为验证中心提供了全套运营系统架构，华为验证中心使用百胜扬提供的新产品研发验证管理信息化系统后已然产生效果，库存周转率提升超过 300%。至今，这个系统已经稳定运行超过 6 年。”

1 首席执行官（Chief Executive Officer）。

紧接着，陈万林又获得美国劲量电池集团的供应链系统方案合同，这个项目同样也很成功。如果只是这样靠项目发展业务，也可以维持生计，但这不是他想要的，他希望有更大的人生价值。

2014 年年底，陈万林决定首次融资，他希望能找到资金来做一个物联网共性平台，帮助更多企业用最低的成本解决管理问题，提高运营效率。

2015 年春天，陈万林在温哥华做了一场项目路演，介绍了自己的创业想法："在互联网时代，全球企业的管理系统分为异构和同构。目前，几乎所有企业使用的管理系统都是基于'西医'思想的、异构的、孤岛的，部分企业甚至使用了 200 ~ 300 个异构子系统。这样，不但维护成本高，而且在很大程度上阻碍了企业的发展。而共享互联网化全运营平台基于'中医'思想，完全同构了企业的所有子系统，并与工业电子商务模块无缝连接。在共享互联网化全运营平台上，入驻企业可以共享日常运营所需要的所有管理系统和用于销售的电子商务系统。"

一位加拿大华侨听完项目介绍，立即约陈万林洽谈，很快达成投资协议，这位加拿大华侨和他的朋友一共投资了 3000 万元人民币。"这位投资商说了一句话'我错过了阿里巴巴，但不能错过百胜扬'。"这对陈万林来说是莫大的信任和鼓励。他与投资人协定：10 年内只干一件事——研发、推广共享互联网化全运营平台，一种共性工业级物联网平台。2015 年 7 月，百胜扬在深圳留学生创业园注册成立。

2016 年，因为这个项目，陈万林荣获深圳市出国留学人员来深创业前期费用补贴一等奖、深圳市南山区出国留学人员来深创业前期费用补贴一等奖。陈万林带领他的团队研发的共享互联网化全运营平台开始服务于很多垂直领域的龙头企业，平台所有子系统和模块都由陈万林带领团队完全自主研发，目前已获得 40 多项软件著作权和专利。

敢拿命运“赌”明天

陈万林介绍，百胜扬技术团队优先考虑股权激励。“我们所有的研发成员都在百胜扬公司的平台上‘赌’一把明天，所以大部分研发人员都不太计较公司的现有办公条件、待遇、福利等。我常常跟员工在公司加班到深夜一两点。”陈万林永远觉得时间不够用，“令我十分感动的是，有几次为

2016 年 5 月，知名品牌活动策划欧阳国忠先生一行到访百胜扬

了加快推进我们在广东惠州的上线工作，我们在深圳南山区远程联调，好几个工程师家住深圳宝安区或龙岗区等较远的地方，为了节省时间，他们就在办公室打地铺通宵达旦地工作。”

百胜扬所处的行业为企业提供业务解决方案及软件，包括提供企业各领域运作的管理架构方案、信息化解决方案、企业平台技术方案和企业软件。权威统计数据表明，这一行业每年市场规模超过万亿美元。目前，美国甲骨文、德国 SAP、美国 IBM、美国埃森哲、美国麦肯锡等公司几乎垄断着全球这一行业。

在陈万林看来，上述世界巨头的方案架构基础是 20 世纪 70 年代左右因商品紧缺而大规模生产的模式。面对现代社会商品丰富、更新换代频繁

2016 年 3 月，百胜扬团队部分成员与专家研讨技术开发

的新形势，它们的架构方案思想仍然脱不开已有的传统方案，导致许多企业均在抱怨基于传统模式的企业软件不能帮助企业实时预警，快速应对市场变化。因此，世界巨头的传统企业软件和方案到了转型升级的时候了。

他自信地说："传统 ERP 公司墨守成规，大的工业互联网和物联网公司虽然名气很大但是实质并没有发生质的变化。比如，通用电气 Predix 因为思想陈旧而并没有获得用户认可。所以，只要做到这些大公司做不到的，百胜扬一定能成功。事实证明，华为终端公司并没有把其新产品研发验证管理信息化系统交给像 SAP 或用友这样的公司，美国劲量电池集团也没有把其供应链解决方案交给上面的大公司来做，而是都交给百胜扬。山东凯马汽车制造有限公司赣州分公司作为央企并没有把其运营系统交给用友等公司来搭建，而是交给了百胜扬。我举例来说明一下我们平台的一个创新点，世界上任何信息化系统包括 ERP 等一般均没有价值流管理模块，百胜扬的物联网平台首次将企业价值流模块融进了企业平台。价值流的超级强大的功能可以实现各种流程管理和分析，包括时间分析、成本分析等。此外，项目管理也可通过价值流模块进行有效管理，摆脱了传统项目管理的不柔性化和不敏捷。"

而且，陈万林很清醒地知道，要坚持到胜利的那一天，百胜扬注定就不能用传统烧钱的方式。百胜扬要做到的是从一开始就挣入驻企业的方案费、咨询费、初装费、年费，并在挣钱的同时与大公司"练武"逐步完善平台；在完善平台的同时也逐步集聚企业入驻平台，当平台上的企业逐步增加达到一定数量的时候，百胜扬可以收到相当数量的交易佣金；百胜扬就可以不用像亚马逊那样花钱买断企业的产品，而是直接无本"经销"企业的产品而获取更大的销售收益。

百胜扬目前的市场开拓主要靠口碑，大部分业务都是业界推荐过来或找上门的。百胜扬的核心技术团队包含工业互联网及物联网架构师、大数据专家、云计算工程师、前后端开发工程师、数据库工程师、产品经理、项目经理、运维工程师等。其中部分成员有阿里巴巴、百度、腾讯、京东、IBM、华为、爱立信等公司的丰富的 IT 研发经验，还有一些具有汽车、家电制造产业经验。此外，百胜扬聘请了 17 名兼职高级技术顾问，他们都是来自国内外顶级的 IT 公司。

2017 年 3 月，陈万林应邀考察位于天津的通用电气智能制造技术中心

“前装工业互联网和物联网是千亿万亿规模的，既然上面提到的大公司不足以胜任，那么百胜扬就要来由下而上地创新和颠覆，万一梦想实现了，那就是百胜扬在工业互联网和物联网领域后来居上超过了巨头。”陈万林自少年时代就怀抱着反败为胜的梦想，如今，他带着一群志同道合的年轻人仍在追逐同一个梦想，希望创造出新的高度。

2017 年 12 月，百胜扬团队部分成员年终聚会

【专家眺望】
构筑工业物联网的共性平台

目前，全世界范围内工业物联网风起云涌，各国都在大力推进工业升级，“工业 4.0”“工业互联网”“中国制造 2025”“互联网 + 制造”等，各种概念层出不穷。陈万林带着百胜扬走品牌路线，牵手垂直行业的龙头企业，联手构筑工业物联网的共性平台，助力企业整体效率成倍提高。

将复杂制造简化成一键搞定

2019 年 5 月中旬，陈万林在江西一家整车制造厂做竞标答辩，该厂的副总裁问了一个问题：“用友、金蝶也都有同类的 ERP 管理软件，我们为什么需要百胜扬的产品？”

陈万林的回答掷地有声：“你们不缺传统 BOM（Bill of Material，物料清单）和 ERP，也不缺产品生命周期管理软件和财务管理软件，但如果用户需要定制一款个性化的汽车，你们原有的 BOM 还能一键搞定吗？现在已经进入用户‘选配时代’，如何利用物联网技术实现内部的高效联动，这是你们需要百胜扬产品和服务的原因。”

百胜扬在超级 BOM 技术上有新的突破。汽车是世界上最复杂的产品之一，通常由上万个零部件组成。一般一个零部件都有多种可替换的选择，例如：颜色不同、形状不同等。假设一部车上有 100 个零部件，每个零部件均有 3 种替换选择，则这部车有 3 的 100 次方种配置组合。按常规，每种组合均有一种编码进行对应。这样的数据管理是相当让人疯狂和崩溃的，所以很多汽车公司均在研究如何管理适应各种配置组合的超级 BOM。但几乎没有企业能够实现目标。而百胜扬的物联网平台已经内置了功能强大的超级 BOM 管理模块。

汽车制造是世界上最复杂和要求最高的制造领域之一，新能源汽车产业将是中国和全球最大的发展方向之一，因此汽车制造业必然对企业运营平台提出更高的要求。陈万林介绍，百胜扬研发的专注于汽车产业的物联

2017 年 6 月，陈万林应邀考察顺丰大巴车马来西亚生产基地

网平台相当于第四代汽车企业管理系统。这是相对前面三代系统而言的。第一代是以美国福特公司大规模批量生产模式为代表的；第二代是以日本丰田精益生产模式 TPS（Transaction Processing Systems，事务处理系统），特别是小批量多品种精益生产模式为代表的；第三代是以美国丹纳赫管理系统 DBS（Danaher Business System 的缩写）为代表的。DBS 也常被称为第二丰田系统，其融合了丰田精益思想、IT 技术和企业收并购运作模式。百胜扬的物联网平台是在上面三代系统的基础上融合了数据仓库、大数据分析、数字化、互联网、智能运算、智能制造等技术，使精益生产等借助科技手段进一步升级。陈万林强调，共享互联网化全运营平台的最大价值是可实现整车厂的车间与配件厂的车间直接连接。随着入驻平台的

2017 年 9 月，北京理工大学计算机学院领导一行到访百胜扬

企业增多，不同配件厂之间的联动互推效应将逐步显现出来，配件厂之间也可实现互联。这种互联效应包括规模化销售、规模集约化团购 / 采购、规模集约化运营和物流、甲公司订单由乙公司执行、丙公司呆滞库存由丁公司消耗等，如此一来，企业的整体效率可以提升 3 ~ 5 倍。这样两家工厂之间不仅可以直接进行买卖，而且可以直接对接生产运营过程中的业务数据，摆脱了传统的处于表面的消费品电商模式，实现更优的库存控制和产业链实时互动等。

百胜扬物联网平台不仅可以实现前面提到的 UCCP、智能制造等，还可以实现更先进的企业收并购数据整合。当百胜扬平台上入驻企业达到一定数量的时候，则企业间的收并购整合将是常态。百胜扬平台可以赋能企业实现数年完成的数据合并在数星期之内完成，这是颇为先进的收并购数据整合技术。

为了帮助更多企业能够插上物联网的翅膀，乘上智能制造的东风，让广大工业企业放心用、方便用、用得起，在百胜扬共享互联网化全运营平台上，入驻企业可以共享日常运营所需要的所有管理系统和用于销售的电子商务系统。有了共享的管理系统，企业不再需要购买任何企业资源管理系统 ERP、物料需求计划系统 MRP、制造执行系统 MES、办公自动化系统 OA、产品生命周期管理系统 PLM、产品数据管理系统 PDM、供应链管理系统 SCM、仓库管理系统 WMS 等。而且，海量的企业在平台上共享，彼此之间完全没有隐私被公开之虞。

目前，百胜扬的物联网平台已经在新能源汽车制造、智能机电、医药等行业开始应用，地域逐渐覆盖到广东、浙江、上海、江西等地。

用物联网找回中药药性

中药是中国的国宝，但由于种植环境的不同，药性会有所改变。比如，石斛被誉为“还魂草”，位居九大仙草之首，最佳产地是安徽霍山；田七被李时珍称为“金不换”，主产于云南文山州各县；黄芪主要产于黑龙江、内蒙古，北方产者质量佳……陈万林有个想法，希望用物联网技术把中药的药性找回来，对中药的种植源头、深加工产业链条全程进行监管，这样对消费升级的国内消费者来说，能购买到原产地的高品质中药，他们一定是愿意买单的。

经过调研和相关走访交流，百胜扬并未发现一个做得很好的全国性中药材物联网及云服务平台。陈万林说：“我们了解到的原因是如果对种植源头、深加工产业链条全程进行物联网监控，把中药药性找回来，链条上的种植户和加工企业则可能要多支付一些成本，但由于在中药市场上‘劣币驱逐良币’而并不能卖出更高的价钱。百胜扬关心的是一方面我们生产出优质药性的中药、建立品牌和卖出高价钱，另一方面如何将中国的中药卖向全世界，扩大市场覆盖面。但由于中国中药生产链条上的失控，我们很难在其他国家尤其是西方国家来证明和推广中国产的中药。”

陈万林把目光投向安徽亳州，因为中国（亳州）中药材交易中心是目前全球规模最大的中药材专业市场，是全球最大的中药材集散中心和价格形成中心。国内中药巨头对与百胜扬联合开发中药材种植加工物联网平台很有兴趣。基于百胜扬十几年的技术沉淀和核心创始团队 20 多年的经验，百胜扬正与一家国家级医药龙头企业共建中药材物联网及云服务平台。这个平台的作用是监控、分析和管理中药从种植到制药的全过程，进而为该医药龙头企业打造全产业链生态。

陈万林认为，该医药龙头企业通过共建物联网及云服务平台，不仅有效监控和保障了中药来源和药性，而且借助平台显著提升了信息化高科技水平，尤其是与国家战略一致的工业互联网、物联网及云服务应用水平，进而显著提升自身的内外运营。具体来说，可以获得以下诸多效益：该医药龙头企业将内部的信息化管理从 ERP 迅速提升到工业互联网、物联网及云服务层次，而未被传统 ERP 所困，节省了超亿元的信息化投入费用；该医药龙头企业更加有效地将原材料供应商黏结到了自己的体系中，建设和增强自身的供应生态链，尤其是确保自己所用的中药材的品质、供应渠道稳定可靠、高性价比、多选择性等；该医药龙头企业的工厂在平台的支撑下，没有花一分钱却无形中扩大了数倍，因为其他工厂都在为该医药龙头企业代工而又可以有效

2017 年 9 月，陈万林在杭州阿里巴巴公司门前

管控质量和效率；该医药龙头企业无限地扩大自身的销售覆盖面，包括中国市场和海外市场，使自身的销售额翻数番；该医药龙头企业参与共建最大的中药数据库，一方面为自身提供服务，另一方面也从该数据库获益，该医药龙头企业借助平台为自身和其他企业提供大数据分析计算云服务，并获得甚至超过自己研发的产品的收益等。

创造见所未见的奇迹世界

农民在农田里安装了传感器，可以采集土壤的营养成分，定点施农药，这相比传统覆盖式洒农药更有效果也更经济；水稻脱粒机上安装了传感器，可以搜集到稻米里的氨基酸成分、水分含量等数据，再上传到云端，马上可以提前预测水稻产量和品质，帮助农民及时对稻米进行分类定价销售。

随着工业物联网的广泛使用，在关键零部件上安装力学传感器，对应力集中[1]现象进行监测，可以提前预防零部件的老化损坏，及时更换，使工厂的生产效率更好；由于气体传感器的广泛使用，矿井或者化工工厂里的安全隐患能及早被发现，可以杜绝很多安全事故的发生。

婴儿床或童车上，安装了HRV（心率波动性）传感器和机器视觉传感器，可以对婴儿的哭闹做出及时准确的判断，不需要婴儿说出来就可以推测出婴儿的疼痛部位……

5G时代来临，物联网技术会帮助我们创造见所未见的奇迹世界，我

1　指物体中应力局部增高的现象，一般出现在物体形状急剧变化的地方。应力集中能使物体产生疲劳裂纹，也能使脆性材料制成的零件发生静载断裂。

们的生活也会发生翻天覆地的变化。

陈万林乐观地说："可以想象的是，基于 5G+ 工业互联网 / 工业物联网，传统或各类新兴的物理性的网络或设备，例如，水电气热网、交通网、广播网、电视网、电话及视频会议网、视频监控网、门禁、考勤机，可穿戴设备、工厂设备，各类模组和终端等将得到系统化升华。其中，可以预见的是，基于工业互联网 / 工业物联网，未来的交通不再是现在的交通，电视不再是现在的电视，工厂不再是现在的工厂，各种终端不再是现在的终端，甚至可能一切皆为终端，几乎各行各业都要发生颠覆性变化。物联网

2017 年 11 月，百胜扬团队在东莞组织研讨物联网和互联网的技术沙龙

有改变世界的潜能，就像互联网一样，影响甚至更为深远。”

据赛迪研究院发布的数据，2017 年我国工业物联网规模达到 2400 亿元人民币，在整个物联网产业中的占比约为 19.8%，预计在政策推动及应用需求带动下，到 2020 年，工业物联网在整个物联网产业中的占比将达到 25%，规模突破 4400 亿元人民币。

陈万林解释道，百胜扬的平台概括来说就是“1+N”，其中“1”就是 UCCP 物联网、工业云服务平台，“N”是 UCCP 在各个垂直行业的应用，这些行业包括汽车制造、医药、农业等，这些垂直子平台将与各个行业的龙头企业合作和共享，部分子平台将部分或全部转让给龙头企业，从而回笼资金。“百胜扬基于中国国机集团山东凯马汽车制造赣州分公司开发了汽车领域的‘总配网’，大量的工业数据沉淀下来，再利用人工智能技术可以形成很多重要的分析报告，针对制造厂和使用者都可以给出中肯的指导建议。依靠物联网云平台的使用，我们完全用数据说话，证明产品的质量。”陈万林介绍，百胜扬 UCCP 平台在三个方面为企业带来新的价值：第一，通过物联网技术检测产品或监控产品在使用过程中的状态，收集数据、管理数据、分析数据，为产品的设计方提供失效模式、潜在的失效模式及后果分析等数据而规避问题，为产品的使用者提供产品运行状态数据而进行更加主动的预防性维护，降低成本，提升效益；第二，通过物联技术将企业各方面数据进行业务逻辑整合和优化，提升企业的整体运行效率；第三，为企业提供基于云计算和大数据分析的行业动态和市场趋势信息，帮助企业进行市场和产品决策。

陈万林意味深长地说：“如果我们的预言只是完全不可能实现的，是对未来的歪曲，我们希望大部分人会忘记我们曾经这样说过。然而，我唯一可以确信的是，工业物联网的未来一定是充满光明的，能给世界带来巨大的改变，在质量控制、可持续和绿色发展、供应链溯源和整体供应链效率提升方面有巨大的潜力。”

百胜扬是在工业物联网领域积极探索的企业群体的代表，在万物互联时代它的未来发展拥有无限的新机会，同时也会面临各种风险，机遇与挑战并存。而我们深信未来世界必然是由数据驱动的，人与人、人与物、物与物之间的联系将变得越来越紧密，在创造更大价值的同时也能创造更美

2017 年 5 月，百胜扬“总配网”项目荣获“资本中国前 20 强”

好的生活。我们需要做的就是大胆发挥想象力和创造力，充分利用高科技的手段，努力让我们的梦想成真。

04 洲斯物联：数字化供应链物联网专家

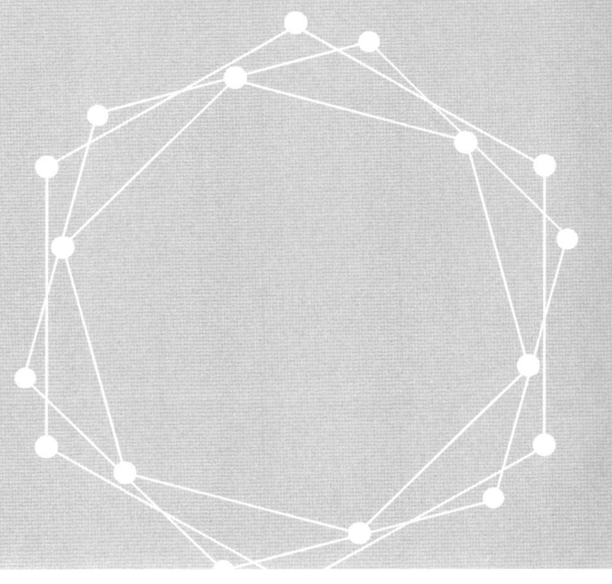

粤港澳大湾区战略性新兴产业研究

企业档案

洲斯物联

深圳洲斯移动物联网技术有限公司（以下简称“洲斯物联”）是专注于研发LPWAN低功耗物联网技术和生产食药冷链监控、数字化供应链物联网终端及解决方案的高新技术企业，是国内知名无线温湿度专家、智慧供应链物联网领跑者。公司总部位于深圳市南山区，在北京、青岛、上海、长沙、武汉、南宁、成都、厦门、绍兴、济南等地设有分支机构。

洲斯物联始终坚持以“赋能智慧供应链，物联网让生活更安康”为使命，以无线感知亿万大众的生产、生活、生存健康信息为核心，不断研发完善冷链及供应链健康物联网行业领域解决方案，从无线到无限，缔造“技”——ZKS interBow® 的低功耗广域网物联网核心技术、“端”—— 洲斯公里级有源RFID及温湿度传感器等终端产品、“网”——基于interBow®的最后一公里“物流天眼”等物联网关、“云”—— 供应链及全程冷链“洲斯云采”、“盟”—— 服务企业大众的实时云和数据联盟的物联网生态圈，在“‘洲’到服务，成就客户；艰苦奋斗，勇创第一”的价值观引领下，实现“做最具价值的物联网企业”的愿景。

目前，洲斯物联和国药物流、九州通、香港货品编码协会、广西壮族自治区药监局、北京协和医院、解放军301医院、深圳市人民医院、山东省血液中心、苏州市中心血站、贵州省疾控中心、镇江市疾控中心、海尔、海信、澳柯玛、中科美菱、力统冷链、顺丰冷运、京东物流、G7（七国集团）、富士康准时达、91托盘、派链托盘、深国际融资租赁、中外运、海底捞、沃尔玛、中国供销合作总社等知名机构和企业均有合作。

【创业历程】
蔡旭东：玩转无线感知物联网

2015 年 1 月，洲斯物联在深圳市南山区注册成立，截至 2019 年 4 月，洲斯物联在全国范围拥有 100000+ 物联网终端采集点，已经完成三轮融资，获得国家高新技术企业认证，荣获“2017 年度最具投资价值物联网企业”“2017 世界物联网博览会新技术新产品成果评比优秀奖”“2018 中国物联产业领航与应用创新评选创新典范奖”“中国物流行业物联网优秀案例企业”“沃尔玛食品安全协作中心‘从农场到家门的冷链温度监控’项目终极决赛冠军”等。

回顾创业的来时路，洲斯物联创始人、董事长蔡旭东感慨地说：“深圳的创业环境真的太好了，我们又幸运地赶上物联网发展的黄金时节，中国建设粤港澳大湾区，所以洲斯物联近年来可以乘风而上，实现跨越式成长！”

偶然机缘进入物联网行业

2002 年，27 岁的蔡旭东开始创业，起初并不是做物联网行业的。说到他与物联网的结缘，还是一个十分偶然的机遇。

1998 年，从华中科技大学毕业后，蔡旭东就职海尔做了一年的海外建厂工程师，学习了冰箱工艺制造、财务、英语和法律等多种知识。1999 年，应聘到著名财务软件企业用友公司，从普通销售员做起，两三年就做到青岛用友公司销售副总经理，锻炼出一流的市场营销能力。

2002 年，蔡旭东创办的第一家企业是做企业信息化和软件开发的，用

蔡旭东

8 年时间做成了青岛市知名的软件企业，成为青岛市首家通过券商内核的新三板试点企业，他在 2012 年当选为青岛市第十五届人大代表。2007 年，由于承接了食品溯源物联网项目第一次接触到物联网技术，2009 年开始先后开发智慧农业管理平台，中标了青岛市南区食品安全一票通系统、透明厨房项目、社会管理创新系统等软件项目。在软件开发领域耕耘了多年后，蔡旭东感觉到只做软件开发没有发展前途，应该寻找软硬件结合的可以批量复制的产品方向才能实现企业团队价值，所以他一直在等待转型的契机。

2011 年 6 月，蔡旭东为了给企业寻找转型的机会和吸引海外人才，来到“青岛蓝色海外人才洽谈会”上对接海外项目，在这里他遇到了挪威籍杰出华人、物联网领域的专家、挪威 CHIPCON 芯片公司无线射频实验室主任陆国纯博士。

“我们把 RFID 技术运用到食品溯源领域，发现这个技术有几个方面的缺陷，比如，做不到远距离主动发送信号，当食品储备的容器是金属的时候 RFID 读取不了信号，成百上千的 RFID 读取率不高。”蔡旭东把做软件项目时遇到的困惑一股脑儿告诉了陆国纯博士。没想到陆博士掌握的无线通信技术可以很好地解决低功耗、远距离身份识别和数据采集问题，蔡旭东决心把陆博士的技术引进到国内并产业化。经过两年时间的谈判，两人终于达成了合作协议，2013 年 3 月，在青岛高新区青岛市工业技术研究院成立了合资企业——青岛中科移动物联科技有限公司，正式走上物联网领域创业之路。

那个时候，青岛高新区周边配套还不够完善，蔡旭东和员工吃住都在公司，而出门买包方便面都很困难。他们一直坚持研发了一年半时间，主要工作是一方面学习陆博士的最新无线通信技术，另一方面研发相关的物联网产品，最终做出了产品的雏形，申请了10多项发明专利，蔡旭东把这个新技术取名为“interBow”，并申请了注册商标。他说：“英文‘Bow’是‘弓箭’的意思，寓意是百步穿杨、百步穿墙，意味着我们的技术具有超强穿透力，放在冰箱里或者密闭容器里都可以主动发射上百米的信号，根本性地改变了设备关在冰箱里传不出信号的问题。而且，我们的产品具有超低功耗，一颗纽扣电池每5分钟发射一次信号，可以使用两年以上；特别值得一提的是，interBow® 通信技术具有超远距离传输的优势，可以实现从百米级到公里级物联网通信，同时可以超多组网，一个网关设备可以联1024个无线发射终端，而且能支持双向通信。”

陆国纯博士在青岛

一项好的技术要快速实现产业化，必须有完备的产业配套环境，蔡旭东把目光投向深圳，听说这里电子信息产业发达，他决定亲赴鹏城探路。

青岛创业者转战深圳沃土

2014 年 8 月，蔡旭东背着旅行包，只身来到深圳。他顶着似火的骄阳拜访在深圳工作的华中科技大学校友。经过不到一个月的走访，他了解到深圳的产业配套环境好，嵌入式软件人才多，组装代工厂密集，投融资环境好，政府对科技产业扶持的力度大。他来到华中科技大学深圳产学研基地租了 30 平方米的场地，决定在这里成立深圳公司，把总部放在这片创新沃土，取名叫洲斯物联。

来深圳初期，最让蔡旭东感动的一件事情是偶遇到了曾任海尔 CTO[1]、轮值 CEO、华中科技大学青岛校友会副会长的喻子达先生。喻子达先生早于蔡旭东一年多来到深圳，他们是在青岛时的旧相识，又都是华中科技大学的校友，喻子达是大师兄，蔡旭东是小师弟。蔡旭东告诉他自己准备在物联网领域创业，需要天使投资，喻子达询问蔡旭东的项目估值多少，蔡旭东说根据这几年准备阶段的投入，洲斯物联就按 2000 万元人民币估值吧，喻子达没有还价，一举投资了 120 万元人民币，占了 6% 的股份，这是洲斯物联第一位天使投资人。青岛海克斯康副总裁胡升光跟投了 120 万元人民币，也占了 6% 的股份。于是，洲斯物联在企业注册之前，就已经获得了两名天使投资人的投资，注定这是一个在资本市场上抢手的“香饽饽”。

---

1 首席技术官（Chief Technology Officer）。

蔡旭东虽然已经创业了 10 多年，但他自从踏上深圳的第一天起就决定要心态归零，重新开始。于是，2015 年 11 月，蔡旭东参加了深圳市南山区“创业之星”的角逐，获得大赛优胜奖。“获得奖金 10 万元人民币，那是我拿到的第一笔政府的扶持资金，我认为这是政府部门对我心态归零的‘打赏’。随后公司在深圳科创委网站简单填报了申请，就获得了 5 万元人民币的科技创新券，可用于专利、商标等知识产权投入，我感受到了深圳政府简政放权、没有官本位的朗朗清风。在深圳开拓市场就是开拓全国市场，更是让我觉得这是一方创业热土，让每一位创业者都热血沸腾，奋斗不息。”蔡旭东特别喜欢谈洲斯物联在物联网领域一个一个的经典案例，因为这是作为技术创业者从市场上采摘到的最甜蜜的果实。

在医疗冷链市场打响名声

从 2013 年在物联网领域创业开始，蔡旭东与南车集团、宝钢、顺丰、海尔等知名企业都有成功的合作案例，但最终选择在医疗冷链市场上树立起自己的金字招牌，打响了洲斯物联的名声。

蔡旭东与陆国纯博士合资成立公司后，洲斯物联发明的有源 RFID 资产管理标签，第一个客户是南车集团。2014 年 9 月，南车集团青岛四方机车车辆股份有限公司遇到一个问题，就是动车半成品件要发到总装车间去组装，外包装木箱长得一模一样，而里面的设备型号却不一样，如何精准快速地拣货，是保障整车安装一次性合格的前提。如果采用现有无源 RFID 方案，可管理性、追溯性太差；有效读取距离很短，不到 1 米，读取记录操作复杂；被动读取，完全依赖人工操作，效率低下，失误率高，而且数据准确性、实时性没办法保证，条码以及 RFID 方案漏读率高达 5%，标签易损，可维护性差。于是，洲斯物联向南车集团提出采用有源资产管理标签，就是利用洲斯物联自研的低功耗物联网技术 interBow®，结合无源 RFID 标签、条码、二维码，针对贵重货物，实现资产身份标识、数据采集、位置查询、轨迹跟踪等，读取距离达 500 米以上，数据实时性和准确性大大提高，很好地解决了精准拣货难题。

同年年底，洲斯物联与宝钢合作，利用 interBow® 技术展开技术攻关，解决数量众多的模具精确识别和盘点问题，推动了模具资产管理水平的提升。

2014 年秋天，刚到深圳落脚不久的蔡旭东接触到一个大客户，那就是物流行业巨头顺丰。当时顺丰迫切需要解决大闸蟹运输中的温控监测问题，给洲斯物联提出一个课题，结果洲斯物联用自主研制的无线温湿度记录仪产品解决了这个生鲜运输业务的痛点，无线温湿度记录仪率先在顺丰冷运事业部通过测试验证。

2015 年年初，洲斯物联与海尔合作，用温湿度采集器来完成冰箱生产下线制冷功能的无线检测，开创了冰箱从有线检测到无线检测的先河。这一技术后来被推广到库曼冰箱和澳柯玛冰箱的生产过程中。

洲斯物联凭借过硬的本领在各种应用场景都取得了成功，但蔡旭东并没有停下探索的脚步，直到食品和药品的物流业务这块"甜奶酪"出现在他的面前，他强烈地感觉到有必要投入更多精力、更深入地耕耘这片沃土，因为这里面有很高的技术门槛，也能产生更大的经济效益和社会效益。

蔡旭东说："从 2015 年开始，洲斯物联更重视食品和药品的物流业务，食品和药品冷链物流，主要是解决二者从端到端，即生产、仓库、运输、配送，最终到用户的全程链条的监控。国家在疫苗或者是食品安全方面监控的力度一直在加大，也不断在寻找更好的全程温控解决方案，我们就针对这个问题进行从前端到后端的冷链监控。我们发现冷藏车、冷藏箱、冷库不同位置的数据不能实时联网，数据整合困难；冷库以及冷链车现有设施温湿度监控改造难度大；海量冷链物资识别率低、利用率低、丢失率高；冷藏

蔡旭东参加 2018“中国物联”高端访谈

车内多周转箱堆放情况下信号穿透差。冷链监控在整个物流行业里面是一个比较特殊的环节，只要冷链问题处理好了，再往下进行就是一件很简单的事情。”

从 2015 年正式进入医疗冷链市场，通过与合作伙伴一起，经过近 4 年时间推广，洲斯物联研发的温湿度监控系统已经在全国 3000 多家医院成功应用，其中有 300 多家三甲医院，包括北京协和医院、解放军 301 医院、中南大学湘雅医院、深圳市人民医院等。蔡旭东介绍："过去医院、疾控中心等单位对药品和疫苗的温度检测都是采取离线模式，那么就不能实时监测温度。只有在线实时监控温度，才可以让药品在发生超温等异常情况下得到及时妥善处理。正是因为云平台可以在线实时监测，很多医院和疾控中心都迫切需要这一在线冷链监控产品和服务。”

2019 年 1 月 14 日，贵州省卫生健康委员会疫苗数字化监控系统采购项目中标结果公示，洲斯物联与金卫信联合中标成功。其实，洲斯物联的产品已经在中国疾控中心、贵州省疾控中心、广西疾控中心、上海市疾控中心、河北省疾控中心、江苏镇江市疾控中心、湖北仙桃市疾控中心、广州市天河区疾控中心、四川阿坝州疾控中心等 30 多家疾控中心的超过 30000 个疫苗接种点使用。并且，洲斯物联与全国疫苗接种超过 60% 市场份额的深圳金卫信，占 90% 疫苗冷藏制冷冰箱生产企业海尔、海信、澳柯玛、中科美菱，占 50% 疫苗冷藏保温箱生产企业力统、浩添、鲁尔等企业达成战略合作，联合推广冷链监控产品。

令人惊喜的是，洲斯物联并不仅仅满足于驰骋医疗市场，对食品冷链物流市场也投入了大量的精力研发，不断推陈出新。洲斯研发的 interBow® 及冷链温湿度产品，被成功应用到海底捞的大棚种植和运输，

保温箱

以及“链库”旗下的全国的冷库温湿度、库门、效率监控等方面，并在2018年10月，一举拿下了沃尔玛食品安全创新中心举办的“从农场到家门的冷链温度监控”项目终极决赛冠军。2019年3月7日，洲斯物联新

应用场景

品——“TTI 智能时间温度标签”[1]隆重登场，这是一个动态、低成本的标签，以可视化指示标的形式，感应产品的实际温度历史，精确地显示出剩余的实际保质期。冷藏、冷冻的食物大多对存储环境和运输过程中的温度

1　时间 – 温度指示标签（TTI），通常是基于时间和温度累积化学变化效果，例如，发生聚合反应、光致变色反应、氧化反应等；或基于累积生物变化原理，如酶反应、乳酸反应等；或基于物理特性、过程引发的变化，如扩散、热致变色、光声晶格变化等。利用以上原理或变化产生不可逆的变化，显示出时间和温度的累积效应。时间 – 温度指示标签通常被应用于食品包装。

要求很高，如果没有达标，造成食物提前老化、变坏，可能会造成不良后果。TTI 智能时间温度标签通常是基于时间和温度累积化学变化效果。例如，它可以感知食物随着时间、温度的改变，老化、变坏的速度。洲斯物联可以根据客户要求提供各种定制产品，比如，根据需要提供一次色变以及多级色变方案，颜色可选。这一产品受到生鲜卖家和高端餐饮服务商的欢迎。

三轮融资推动企业做强

除了在市场上攻城略地，洲斯物联在资本市场上也捷报频传。5 年内已经完成三轮融资，潜心研发 interBow® 核心无线通信技术并深耕温湿度无线物联网终端和解决方案，推动企业在移动物联网行业内做强做大。

蔡旭东参加了南山区“创业之星”的角逐获得大赛优胜奖之后，投资机构争相前来洽谈投资合作，经过几个月的选择比较，最终在 2016 年 4 月，深圳东方盛富创业投资管理有限公司旗下的深圳市盛雅六号投资企业（有限合伙）按照投前估值 6000 万元人民币，共计投资 685 万元人民币，占深圳洲斯物联 10.25% 的股份，完成对于洲斯物联的股权投资。这是洲斯物联在天使轮之后的第二次融资，对洲斯物联的初创发展起到了较大的推动作用。

2017 年年底，洲斯物联顺利完成 pre-A 轮融资，深圳市康成亨投资有限公司旗下的深圳市嘉信元德股权投资基金合伙企业（有限合伙）、深圳市建融合投资有限公司及旗下的珠海拓域壹号投资基金（有限合伙）按照投前估值 1.4 亿元人民币，共计给洲斯物联投资 4000 万元人民币，投后分别占股权比例为 11.11%、3.33%、7.78%，公司投后估值为 1.8 亿元人民币。

目前，洲斯物联在深圳、青岛、北京设有三个研发中心。其中深圳研发中心与深圳华中科技大学研究院合作成立“洲斯移动物联网联合实验室”，广纳海内外英才，积极搭建产学研一体的综合性平台，推动物联网无线通信技术革新。青岛研发中心最早成立于 2013 年，从学习陆国纯博

2018 年，洲斯物联获得沃尔玛食品安全协作中心
“从农场到家门的冷链温度监控”项目终极决赛冠军

士转移过来的无线通信技术开始，致力于智能健康硬件产品及云网端系统的技术开发与迭代更新。北京研发中心成立于 2017 年，主要聚焦于第三方医检、食药冷链物联网云平台定制化需求研发。

2018 年年中，洲斯物联召开了全体股东及投资人大会，经过认真讨论分析，进行了战略方向的完善，依托于食药冷链物联网的成功路径，拓宽渠道，推出了托盘及物流装备共享物联网平台——托享网，正式进入智慧资产管理物联网领域。

“大鹏一日同风起，扶摇直上九万里。”洲斯物联借助资本的力量，用过硬的研发实力在移动物联网领域做得风生水起，洲斯物联 2018 年获得沃尔玛食品安全协作中心“从农场到家门的冷链温度监控”项目终极决赛冠军，获得“2018 大湾区物联网应用及发展峰会”杰出物联网物流应用科

洲斯物联荣获“2017—2018 中国冷链产业金链奖十佳产品应用案例”

技奖，荣获“2017—2018 中国冷链产业金链奖十佳产品应用案例”等荣誉。而这仅仅只是开始，随着 5G 技术开始商用，洲斯物联用移动边缘计算构建新一代全程冷链温控运输和供应链资产管理共享云平台，将会描绘出更为广阔美好的移动物联网的未来。

【专家眺望】
从云到端全面布局移动物联网产业

2019 年 3 月 28 日，在博鳌亚洲论坛 2019 年年会上，工信部部长苗圩曾明确指出，5G 技术未来将主要应用于移动物联网。“5G 的应用，可能 20% 用于人与人之间的通信，80% 用于物与物之间的通信，即移动物联网。”

在移动物联网即将井喷发展的前夜，作为移动物联网冷链龙头企业，洲斯物联正摩拳擦掌，从云到端全面布局移动物联网产业，除了在冷链温控物流领域启动了“5G 移动边缘计算构建新一代全程冷链温控运输管理平台”计划，还在托盘共享物联网平台建设上走在前列，相关移动物联网的专用芯片研制工作于 2019 年春天已经正式启动。

我国物联网行业规模突破万亿元人民币

物联网是指通过各种信息传感设备，实时采集任何需要监控、连接、互动的物体或过程等各种需要的信息，与互联网结合形成的一个巨大网络。其目的是实现物与物、物与人，所有的物品与网络的连接，方便识别、管理和控制。

我国自 2009 年将物联网列为战略新兴产业之后，政策支持不断深入。据前瞻产业研究院发布的《中国物联网行业应用领域市场需求与投资预测分析报告》统计数据显示，2008 年中国物联网行业市场规模仅仅达 780 亿元人民币。2011 年，中国物联网行业市场规模增长达到 2581 亿元人民币。2014 年，中国物联网行业市场规模首次突破 6000 亿元人民币，同比增长 22.6%。截至 2017 年，中国物联网行业市场规模突破万亿元人民币。预测 2019 年中国物联网行业市场规模将超 1.5 万亿元人民币，达到 15700 亿元人民币。物联网作为通信行业新兴应用，在万物互联的大趋势下，市场规模将进一步扩大。预测在 2020 年中国物联网行业市场规模将突破 1.8 万亿元人民币，而全球物联网行业市场规模则将达 1.7 万亿美元。

2019 年春季，GSMA[1] 发布的《中国移动经济发展报告 2019》中指出，截至 2018 年年底，中国授权频谱蜂窝物联网连接数量已达到 6.72 亿，占亚太地区物联网连接数 90% 以上，占全球物联网连接数 60% 以上。到 2025 年，受各种行业垂直应用的推动作用，中国的授权频谱蜂窝物联网连接数将增加到 19 亿左右。足以看出，物联网产业依旧处于快速增长期。政府政策的不断出台也为未来物联网的推广提供了有利条件。

从 2015 年年初开始，物联网行业的从业者就聚焦于蓝牙、Wi-Fi、ZigBee 等连接技术，但是短距离的连接不能满足用户的需求。经过技术的

---

1 全球移动通信系统协会（Global System for Mobile Communications Assembly），成立于 1987 年，是全球移动通信领域的行业组织。

不断演进，以 NB-IoT、LoRa 为代表的 LPWAN 物联网技术出现在大众的视野。LPWAN 能够完美地解决短距离、低功耗等问题，不仅如此，它还具有更广泛的应用场景。

洲斯物联的通信模组 ZKS interBow®，就是属于物联网最后一公里的 LPWAN 通信技术，作为低功耗 LPWAN 物联网通信技术家族的一员，将支持物联网的智能硬件和行业物联网的迅速发展。

研发低功耗远距离射频通信芯片

2019 年第 52 届国际消费类电子产品展览会（International Consumer Electronics Show，简称 CES）在美国拉斯维加斯开幕，各大企业纷纷亮出自家黑科技产品，着实吸引眼球。以物联网让生活更安康为使命，融合海内外无线技术专家智慧，紧跟 LPWAN 无线物联网科技前沿的洲斯物联，在 2019 CES 举办期间重磅推出 2 款黑科技产品：ZKS 远距低耗无线射频模块 M1 和公里级有源 RFID 射频模块 F1。

ZKS-M1 是一款 1—3 km 远距低耗无线射频透传模块，可广泛应用于各类低功耗电子设备，如智慧冷链物流、资产追踪、智慧供应链、智慧农业和环境监测、健康医疗、智慧城市、安防、无线抄表、智能家电、休闲玩具等多个领域及行业应用。ZKS-F1 是一款公里级的远距低耗有源 RFID 无线射频模块，可以广泛应用于智慧资产管理、供应链、物流等，实现货物身份识别、出入库管理、在线盘点、位置、温湿度、震动、光感、加速度等多维度数据采集、开关门控制等；智慧新零售的货物自动盘点、出入库管理、货物跟踪、到货管理、ESL 电子价签、可擦写电子面单等。

为了更好地布局未来移动物联网产业，洲斯物联 2019 年上马了“基于窄带物联网的片上系统（SOC）的研发及其产业化”项目，通过研发专用芯片来实现更高的效率和更低的功耗水平的单芯片解决方案，提供具有开创性的基于软硬件协同设计的射频 SOC 芯片医用物联网核心解决方案。

洲斯物联董事长蔡旭东介绍，这是一款公里级别的通信芯片，具有功耗低的特点，待机电流 0.6μA，发射功耗 20mA，1 颗纽扣电池可以待机 5 年；接收距离远，接收灵敏度可达 -124dBm，通信距离可达 1—3km；穿透性强，可以百米级穿透货架、墙壁、冰箱、冷藏箱、冷库、车厢、文件柜等物体和独立空间；抗干扰能力强，可以实现 5000+ 量级终端的双向通信。而且，尺寸小、安装方便，有源 RFID 标签可比卡片小，方便粘贴、悬挂在各种物体表面；扩展性功能强，可以实现人员、物资的身份识别、盘点、防丢等功能；加上温湿度、GPS 等传感器，可以实现各种状态的上报下发，位置跟踪。

这款低功耗远距离射频通信芯片应用于工业物联网领域，可以实现生产设备运行状态、效率监控、工厂环境（包括温湿度、气体检测、贵重资产）管理等；应用于智慧楼宇、人员安全等领域，可以实现人员识别、定位、防丢、楼宇温湿度、光照、烟感等监控需求。

蔡旭东透露，在这款芯片里将内置 AES256 加密协处理器，并内置国家商用密码管理办公室授权的密钥系统，实现安全传输。特别对医用冷藏箱和冷冻箱、冷链车的自适应射频性能调整，在全冷链温度范围内实现最佳的射频性能。

医药食品冷链商机巨大

2019年1月初，贵州省卫生健康委员会疫苗数字化监控系统采购项目中标结果显示，洲斯物联与经销商联合中标成功，洲斯物联产品及服务费用7617990元人民币。

这仅仅是洲斯物联在医药物联网监控服务领域的一个成功案例。蔡旭东认为，冷链运输是未来物流行业的一个重要的发展方向，一方面，国家对药品冷链的管控达到了前所未有的高度；另一方面，随着生活条件的改善，农副产品生鲜运输也需要冷链运输，各种政策环境、市场环境综合作用催熟了医药食品冷链的商机。

2020年，全世界物联网行业市场规模预计将达到1.7万亿美元，其中保健医疗占近15%将达到2500多亿美元。那么，基于医药级的温湿度实时监控的市场规模将是百亿美元，如果在监控的同时，可以发展实时温湿度冷藏箱等外围冷冻设备的定制产品业务，此市场将是接近千亿美元的规模。

目前，国家对医疗行业物流要求极其严格，根据新修订的《药品经营质量管理规范》要求，所有的药品、疫苗、血液及制品，需要全程实时冷链监控。2016年年初，山东省爆发了疫苗事件后，国家对于药品冷链的管控达到了前所未有的高度，2016年4月23日出台了《国务院关于修改〈疫苗流通和预防接种管理条例〉的决定》，接着又陆续出台了多项规定，强化疫苗"一票制"的管控。2016年12月26日，国家出台《关于在公立医疗机构药品采购中推行"两票制"的实施意见(试行)》，开始加大对于药品的管控，政策将进一步延伸至医疗器械、生物试剂等行业，加上之前颁布的《药品管理法》《药品经营质量管理规范》《医疗器械使用质量管理规范》《药物临床试验质量管理规范》《疫苗流通和预防接种管理条例》《疫苗储存和运输管理规范》《临床输血技术规范》等。在食品领域，《食品安全法》《食品安全法实施条例》《餐饮服务许可管理办法》《餐饮服务食品安全监督管理办法》，也对食品的加工流通监管提出了更高的要求。

目前，国内的三甲医院以及各类医院，合计超过 10 万家，医药物流企业近 400 家，全国的血液中心相关的点近 1 万个，疾控中心设点近 10 万个，药房、药店近 50 万家。按照此统计，这些体系里在全国范围内的冷藏冷冻设备数量就是近千万个，所以冷链设备的温湿度监控市场就是上百亿美元的规模。

那么，洲斯物联的技术是如何满足医疗健康物联网需求的呢？洲斯物联通过 interBow® 核心通信模组解决物联网行业“最后一公里”的通信问题，开发了冷链全程温控运输管理系统，将不掉链的全程冷链运输温湿度管控作为重点，把无线温湿度云网端物联网系统，应用到医院里的药品、组织器官和疾控中心的疫苗、血液中心的血液制品等医疗健康部门专用冷藏冷冻设备上，产品已经在国药物流、G7、深圳中柱物流、顺丰冷运等公司进行了使用，获得了大量的好评。

蔡旭东介绍，医院的细胞冻存业务是利用冻存技术将细胞置于 −196℃液氮中低温保存，新鲜金枪鱼必须在 −60℃条件下运输，深低温监控产品的技术要求更高，洲斯物联的温湿度监控技术可以满足这些冷链运输监控的要求，而且，洲斯物联目前已经给澳柯玛、海尔、中科美菱、松下等供应深低温的温湿度监控仪。2016 年，洲斯物联研发的温湿度监控物联网系统被山东省血液中心成功采用。洲斯物联力争 2023 年达到占领医用冷链温控设备市场的30%以上，并通过模组助力医疗器械公司采集云网端的智慧穿戴、智慧医疗等解决方案，积累物联网行业大数据，进行大数据挖掘与应用。

掘金健康物联网的有心人

“技、端、网、云、盟，这是我们企业发展生态的总体思路，‘技’指的是洲斯物联的核心技术interBow®，‘端’指物联网的感知终端，‘网’是洲斯Z网，‘云’就是健康大数据云，‘盟’是物联网+健康+智慧供应链联盟。”蔡旭东为洲斯物联绘制了一幅巨大的移动物联网生态蓝图。

其中，关于感知终端，洲斯物联除了对温湿度指标的感知，还包括未来要对电流、电压、二氧化碳、氧气、功率、心率、血压、血糖等各种指标的感知。蔡旭东讲述了这样两个小故事：

很多医院都有细菌培养箱，而细菌是在二氧化碳的环境里才能存活的，因此对细菌培养箱里二氧化碳的浓度监测非常有必要，为此洲斯物联技术团队就发明了无线二氧化碳记录仪，可以在二氧化碳培养箱内进行细胞培养实验过程中，全程记录并上传二氧化碳浓度、温度、湿度数据，解决了这个特殊的市场需求。

“江苏镇江市疾控中心下属的一些疫苗接种点地处江边，距离城市几十公里，那里的电压很不稳定，冰箱由于具有保温功能，有时停电两小时后冰箱里温度升高了才开始报警，工作人员赶去现场已经来不及处理停电的事情，这样就会造成冰箱里的疫苗变质失效。为了彻底解决这个问题，洲斯物联技术团队研发了无线断电检测仪，一旦发现停电就马上报警，工作人员立即对疫苗接种点的冰箱进行紧急供电，这样就能保证疫苗的冷藏保存环境不会受到停电的影响。”

“根据医疗市场的特殊需求，我们不断创新产品形态，各类传感器与我们的 interBow® 技术结合起来，可以实现无线监控电流、电压、二氧化碳、氧气、心率、血压、血糖等。”在蔡旭东的眼里，市场需要的技术和产品都是富有生命力的，洲斯物联会投入人力、物力去攻关。尤其在万物互联的时代，对各种健康数据的采集，则具有更为深远的意义。

目前，全球 10 亿人处于亚健康状态，越来越多的年轻人开始运动减肥，6 亿以上的老人需要得到监护，高血压、糖尿病、高血脂人群在逐步扩大，仅糖尿病患者就有 3.46 亿人，对应的医疗费达 4650 亿美元。基于感知人体体征信息的无线健康监测数据，如心率、心电、血氧、血糖、血压等，以及现在家庭、社区、医院、消费场所的环境数据，例如，含氧量、二氧化碳浓度、PM2.5（细颗粒物）等，目前都是有线或者蓝牙传输的模式，不能实时直接传输到云端。而洲斯物联通过医药食品冷链运输的布局，只要增加终端，就可以实时采集各种传感器数据，极大方便了各种健康数据的采集和感知，可以将各种健康数据直接上传到云端，为健康监测提供大数据。

丰富的节点产品可以反过来促进网络的部署和云端数据的快速收集。一方面，洲斯物联立足于环境监控产品的自主研发和生产，通过坚持不懈的产品迭代，向市场特别是利润较为丰厚的医疗市场提供高质量的产品；另一方面，各种体征监控节点可以融合进现在的全民创业的浪潮，通过在产品中整合健康传输模块，可以帮助合作伙伴将产品信息传输到云端，并在云端实现数据的共享，实现洲斯物联与合作伙伴的共赢。

物联网行业是继互联网行业之后的下一个技术、社会变革的风口，本身也是一个体量庞大的市场。在物联网众多的细分行业中，洲斯物联选择围绕智慧食药的健康物联网行业进行突破。

蔡旭东指出："根据这些情况综合分析，食药冷链以及供应链市场对由物联网创新技术支撑的低功耗温湿度监控产品的需求极其迫切，由于现在国内市场除了洲斯物联在自主研发的通信模组基础上所研发的温湿度传感器产品能够实现真正意义上的冷链全程监控外，根据我们大量的了解和对比分析，以及中国物流与采购联合会、中国医药供应链联盟等专业协会的测试，国内同行还没有研发出具有足够竞争力的产品。因此，洲斯物联现在拥有产品的先发优势和定价权，并且利润较高。"

洲斯物联荣获 2017 世界物联网博览会新技术新产品成果优秀奖

健康物联网是下一个风口，所需产品众多，而且能够实际解决人类所关注的最重要的健康问题，通过云网端直接采集温湿度、环境、生命体征等个人健康及环境健康数据，也将是一个巨大的市场。另外，现在市场处于初级发展阶段，没有形成单方或多方垄断的情况。洲斯物联可以利用 interBow® 核心通信模组设立门槛，抢占市场资源，目标是要成为食药冷链物联网行业的冠军。

打造托盘共享物联网平台

随着供给侧结构性改革的深入推进，为进一步推进物流降本增效，国务院连续两年出台推进物流业降本增效的文件，物流领域“降成本”取得成效。2017 年，社会物流总费用与 GDP 的比率为 14.6%，比上年下降 0.3 个百分点。即每万元人民币 GDP 所消耗的社会物流总费用为 1460 元人民币，比上年下降 2.0%，但相较欧美发达国家物流总费用与 GDP 的比率而言，优化空间仍然非常巨大。

2017 年 12 月 29 日，商务部联合国家发改委、财政部等 10 部门联合发布了《关于推广标准托盘发展单元化物流的意见》（商流通函〔2017〕968 号），重点任务如下：加快标准托盘推广应用；促进物流链各环节标准化衔接；推进物流载具循环共用；推进物流单元化、一体化运作；提高物流链信息化、智能化水平；推广先进成熟模式。其中，更明确提出“探索托盘条码与商品条码、箱码、物流单元代码关联衔接，推动物流链上下游企业数据传输交换顺畅。利用大数据、云计算、物联网、区块链、人工智能等先进技术，加强数据分析应用，挖掘商业价值，优化生产、流通、销售及追溯管理，以智能物流载具为节点打造智慧供应链”。

2016 年年底，标准托盘租赁量达到 1700 万片，较 2015 年年底增长

16% 左右。随着物流标准化试点工作的逐步推进，托盘共用模式有效推广从 2012 年的 1.1% 提高到 2016 年的 1.7%。我国标准托盘租赁市场目前的规模约为 6 亿元人民币。参考目前美国 16%、欧洲 25% 的托盘来自租赁，未来托盘租赁市场空间巨大。主流托盘主要分为木质托盘与塑料托盘，目

木质托盘

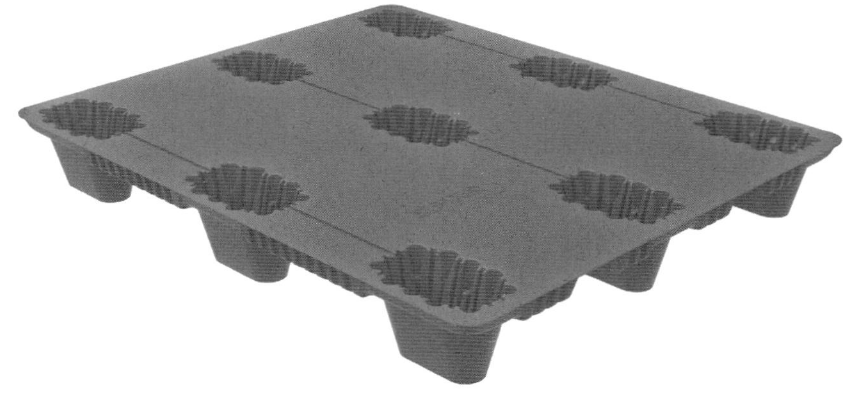

塑料托盘

前租赁行情单个托盘每日租金约 0.15 — 0.25 元。商务模式主要有按照月、季度、半年以及整年等租赁模式。

如今，各路巨头对托盘租赁市场垂涎三尺，包括 GOODPACK、上海众力、易通安达、集保物流、招商路凯、集托网等企业均已开始布局托盘、周转箱租赁市场。依托物联网技术，托盘可以有效实现所有权与使用权的分离。加上笼车、围板箱、周转筐、小型转运箱等物流装备，还有叉车、地牛、挂车等物流工具，未来托盘等物流器具租赁、循环共用市场巨大。

洲斯物联有一款非常受市场欢迎的产品，叫“有源 RFID 资产管理标签”，可以实现无源 RFID 标签、条码、二维码、interBow® 芯片码 4 码合一，有效覆盖范围 500 米以上，电池续航时长 5 — 10 年。只要把有源 RFID 资产管理标签贴到托盘等设备上，就可以让物联网中的设备有了“心跳”，在仓库里自动报数、自动盘点和自动防丢。蔡旭东透露，有源 RFID 资产管理标签受到很多大客户的欢迎，比如，富士康旗下的“准时达”采用了洲斯物联技术进行企业内部的电子产品供应链管理；上市公司铭磁光谱采用洲斯物联技术做光纤模块的供应链管理。

为了将有源 RFID 资产管理标签迅速推广到托盘共享市场，2018 年年中，洲斯物联组建了一个团队，推出了托盘共享共用物联网平台——托享网，用于开展物流装备共享业务。通过托盘共享平台为企业减少物流成本，提供供应链管理的可视化，从而指导和优化库存，降低闲置，提高效率，提升利润率。

蔡旭东介绍了洲斯物联在托盘领域的发展规划，第一步是有源 RFID 资产管理标签放量投放，推动托盘循环共用起步，目标投放量为 200 万片；第二步就是要成为国内托盘循环共用体系托盘管理 TOP1 供应商，目标客户是物流公司、托盘生产企业、托盘租赁运营商，目标投放量是 1000 万片；第三步是成为国内物流装备循环共用体系托盘管理 TOP1 供应商，目标客户是物流公司、托盘、周转箱、叉车生产企业以及租赁运营商，目标投放量为 5000 万到 1 亿片。

2019 年，洲斯物联聚焦食药、汽车零部件配送、危化品、军工等行业，实现场景化落地，验证商业模式，并且结合融资租赁，完成装备领域智慧容器融资租赁业务模式，实现规模化合作。

洲斯物联托盘管理方案获奖

5G 时代助推移动物联网大发展

毋庸置疑的是，在 5G 时代移动物联网将获得井喷式增长。为了更好地抢占 5G 时代的移动物联网市场份额，洲斯物联布局了 5G 移动边缘计算构建新一代全程冷链温控运输管理平台，可以将大量重复无用的数据交于边缘计算服务器处理，极大地降低了后台服务器处理压力，也为实时性提供了进一步的保障。同时，该平台还支持对数据进行预测性分析，可以根据现有数据对未来一段时间的冷链车、保温箱、冷库等环境温度变化趋势进行更准确的预测和预警，收集当前所有采集终端数据传输过去的运输情况，对运输、温控方案进行决策支撑。

近年来，食品、药品以及疫苗安全事故频发，引起了全社会对食品、药品安全问题的广泛关注，这也让国家对食品、药品的全程温度监控要求越来越严。如何构建真正有效可靠的“低时延、数据零丢失”的冷链温控系统，成为冷链温控领域的核心技术攻关方向。在此背景下，洲斯物联联合首席科学家陆国纯博士、深圳华中科技大学研究院，并携手行业知名专家吴卫平教授下属企业成都四平软件以及中国移动成都研究院提前布局，合力打造基于 5G 边缘计算的新一代全程冷链温控运输及供应链资产管理平台——洲斯云采。

5G 移动边缘计算（Mobile Edge Computing，简称 MEC）的基本思想是把云计算平台从移动核心网络内部迁移到移动接入网边缘，实现计算及存储资源的弹性利用。移动边缘计算的关键技术包括如下几个方面：一是网络开放，MEC 可提供平台开放能力，在服务平台上集成第三方应用或在云端部署第三方应用；二是能力开放【能力开放子系统从功能角度可以分为能力开放信息、API（Application Program Interface，应用程序接口）端口，API 支持的网络能力开放主要包括网络及用户信息开放、业务及资源控制功能开放】，通过公开 API 的方式为运行在 MEC 平台主机上的第三方 MEC 应用提供包括无线网络信息、位置信息等多种服务；三是资源开放，资源开放系统主要包括 IT 基础资源的管理（如 CPU、GPU、计算能力、存储及网络等），能力开放控制以及路由策略控制；四是管理开放，平台管理系统通过对路由控制模块进行路由策略设置，可针对不同用户、设备或者第三方应用需求，实现对移动网络数据平面的控制；五是本地转发，MEC 可以对需要本地处理的数据流进行本地转发和路由；六是计费和安全；七是具有移动性，终端在基站之间移动，在小区之间移动，跨 MEC 平台移动。

蔡旭东分析指出，当前冷链温控和供应链资产管理平台主要采用主从模式，即有源 RFID 标签、温度数据直接从采集终端发送至后台服务器。因为数据未经初步处理，后台可能会收到大量重复多余数据，在处理温湿度超标、开箱异常、物流装备的自动出入库、盘点防丢、轨迹跟踪、共享共用时，浪费后台宝贵的计算和存储资源，也增加了后台处理压力，当采集点增多到 10 万个时，这种现象尤为明显。洲斯云采利用 5G 移动边缘计算技术，可以将大量重复无用的数据交于边缘计算服务器处理，实现 M2M（Machine to Machine），只将关键数据和处理好的数据转发至后台专家系统进行分析和计算，极大地降低了后台服务器处理压力，这是目前国际上最先进的边缘计算技术在物联网行业的应用实践。

大湾区建设对移动物联网产业有重大利好

2018 年 10 月，广东省科技厅曾公布《关于加强基础与应用基础研究的若干意见》，提出进一步加强广东省基础与应用基础研究，大幅提升原始创新能力，支撑和引领科技创新强省与粤港澳大湾区国际科技创新中心建设。

2019年2月18日，中共中央、国务院印发《粤港澳大湾区发展规划纲要》（以下简称《纲要》），这一备受关注的《纲要》正式出炉。粤港澳大湾区的战略定位之一是具有全球影响力的国际科技创新中心。

《纲要》指出："充分发挥粤港澳科技和产业优势，积极吸引和对接全球创新资源，建设开放互通、布局合理的区域创新体系。推进'广州—深圳—香港—澳门'科技创新走廊建设，探索有利于人才、资本、信息、技术等创新要素跨境流动和区域融通的政策举措，共建粤港澳大湾区大数据中心和国际化创新平台。"

《纲要》明确了深圳须"发挥作为经济特区、全国性经济中心城市和国家创新型城市的引领作用，加快建成现代化国际化城市，努力成为具有世界影响力的创新创意之都"。

"粤港澳大湾区建设，我们洲斯物联位于科技创新核心城市深圳，对移动物联网的建设和发展有重大利好。随着软银收购 ARM 芯片设计公司，中兴通讯两个事件后，大家对中国芯片的现状表现出极大关注，LPWAN 物联网芯片对于物联网发展是重中之重。2019 年年初，洲斯物联推出了 2 款 ZKS interBow® 通信模块，ZKS 远距低耗无线射频模块 M1 和公里级有源 RFID 射频模块 F1。因此洲斯物联将顺势加大对于 interBow® 芯片的研发投入及产业化。

"随着大湾区城市一体化之后，对城市之间的联通效率要求越来越高，社会民众对食品药品的安全性关注度更高，因此未来在供应链管理、冷链运输监控方面也会更加严格，这就为洲斯物联提供了很好的发展契机，未来几年，洲斯物联将立足深圳，联合香港货品编码协会、深圳物联网应用研究院、深圳华中科技大学研究院，对冷链移动物联网的重点技术进行攻关，做好基于 5G 边缘计算的新一代全程冷链温控运输和供应链资产管理云平台，产生重要的示范和辐射效应。”蔡旭东充满信心地说。

蔡旭东有一个心愿，那就是“赋能智慧供应链，物联网让生活更安康”。洲斯物联一直致力于用领先的物联网技术服务于食品、药品安全、物流企业、企业物流的全程供应链，力争做最具价值的物联网企业。2018 年，洲斯物联获得沃尔玛食品安全协作中心“从农场到家门的冷链温度监控”项目终极决赛冠军，在全球冷链运输温度监控领域声名鹊起。如今，洲斯物

蔡旭东参加 2018 大湾区物联网应用发展峰会

联冷链运输温湿度监控技术和产品已经在加拿大、美国、印度、尼日利亚和坦桑尼亚等海外市场也有应用，主要是用于医药、名贵水果蔬菜和海鲜食品的运输。

粤港澳大湾区的建设已经如火如荼，作为深圳物联网智能技术协会的常务副会长，蔡旭东与协会企业一起共同探讨，一起举办论坛，一起发起相关科技联盟，一起携协会企业的创新技术走出去。2018 年 10 月，洲斯天使投资人喻子达当选为拥有近 8 万校友的华中科技大学深圳校友会新任会长，蔡旭东当选为副会长，并发起成立华中科技大学物联网行业分会，为在物联网行业从事相关工作的华中科技大学校友自愿组成的非营利性组织。蔡旭东作为首任副会长，也想利用自身物联网技术优势贡献自己的业余热量。在物联网引领先进产业方向大背景下，融合大数据、人工智能、机器人、软硬件、芯片等多个领域的校友智慧，共同探讨未来新科技的发展，推动新技术产学研与市场融合，提供资本及相关资源对接介绍，助力华中科技大学及校友企业提升在行业的影响力。华中科技大学物联网行业分会的理念是："万物互联，心心相连"，目标是打造一个定标准、聚产业、汇专家、洽资本、凝人心的校友资源互助平台。

洲斯物联在移动物联网领域目前已经拥有近百项专利，并参与了托盘信息化标准制订工作，未来几年还会加快参与行业标准和国家标准的制订，特别是积极参与低功耗、广域网的技术标准制订工作，以及推动冷藏箱等冷链装备、托盘、笼车、周转筐等物流装备单元化物流的标准制订工作，推动 LPWAN 通信技术及物联网产品在国内的标准制订。

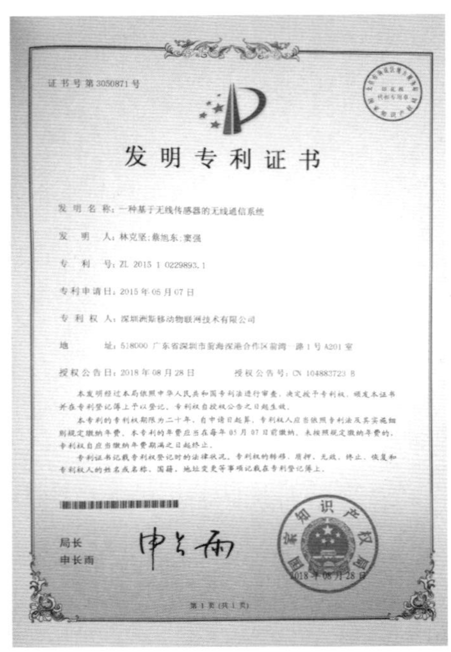

证书号第3050871号

发明专利证书

发明名称：一种基于无线传感器的无线通信系统

发明人：林克坚;蔡旭东;窦强

专利号：ZL 2015 1 0229893.1

专利申请日：2015年05月07日

专利权人：深圳洲斯移动物联网技术有限公司

地址：518000 广东省深圳市前海深港合作区前湾一路1号A201室

授权公告日：2018年08月28日　　授权公告号：CN 104883723 B

本发明经过本局依照中华人民共和国专利法进行审查，决定授予专利权，颁发本证书并在专利登记簿上予以登记。专利权自授权公告之日起生效。

本专利的专利权期限为二十年，自申请日起算。专利权人应当依照专利法及其实施细则规定缴纳年费。本专利的年费应当在每年05月07日前缴纳。未按照规定缴纳年费的，专利权自应当缴纳年费期满之日起终止。

专利证书记载专利权登记时的法律状况。专利权的转移、质押、无效、终止、恢复和专利权人的姓名或名称、国籍、地址变更等事项记载在专利登记簿上。

局长
申长雨

国家知识产权局
2018年08月28日

第1页(共1页)

专利：一种基于无线传感器的无线通信系统

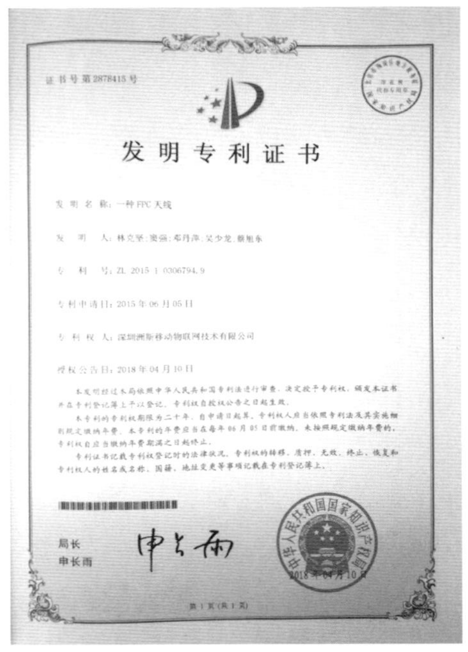

证书号第2878415号

发明专利证书

发明名称：一种FPC天线

发明人：林克坚;窦强;邓丹萍;吴少龙;蔡旭东

专利号：ZL 2015 1 0306794.9

专利申请日：2015年06月05日

专利权人：深圳洲斯移动物联网技术有限公司

授权公告日：2018年04月10日

本发明经过本局依照中华人民共和国专利法进行审查，决定授予专利权，颁发本证书并在专利登记簿上予以登记。专利权自授权公告之日起生效。

本专利的专利权期限为二十年，自申请日起算。专利权人应当依照专利法及其实施细则规定缴纳年费。本专利的年费应当在每年06月05日前缴纳。未按照规定缴纳年费的，专利权自应当缴纳年费期满之日起终止。

专利证书记载专利权登记时的法律状况。专利权的转移、质押、无效、终止、恢复和专利权人的姓名或名称、国籍、地址变更等事项记载在专利登记簿上。

局长
申长雨

中华人民共和国国家知识产权局
2018年04月10日

第1页(共1页)

专利：一种FPC[1] 天线

---

1 柔性电路板（Flexible Printed Circuit）是以聚酰亚胺或聚酯薄膜为基材制成的一种具有高度可靠性、绝佳可挠性的印刷电路板，简称软板或FPC。

洲斯物联荣获 2018“中国物联”产业领航与应用创新评选应用创新典范奖

05 敢为软件：因为专业，所以敢为

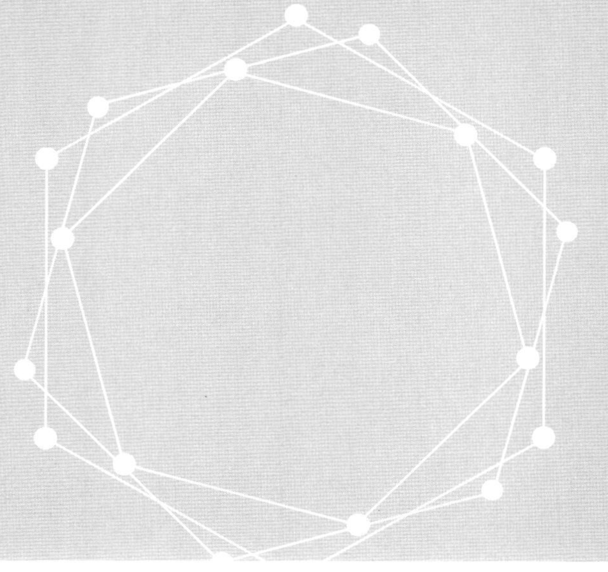

粤港澳大湾区战略性新兴产业研究

企业档案

敢为软件

深圳市敢为软件技术有限公司（以下简称“敢为软件”）成立于2004年，在万物互联、行业应用、大屏可视化及自然交互等方面形成完整的闭环，是一家物联网领域连接能力强、应用领域广、用户体验好的高科技公司。

在万物互联方面，敢为软件可以提供强大的物联网PaaS平台，依托独特的物联网胶水与社会化自组网技术，完美融合边缘计算、本地计算和云计算，快速从底层融合各种传感信息和第三方系统，能有效革新物联网碎片化的现状。

在行业应用方面，敢为软件在万物互联的基础上又提供强大的应用层PaaS平台，提供海量的设备驱动库和功能插件库，可以快速定制各种业务逻辑和交互界面，极大提升相关行业的生产效率。

在大屏可视化及自然交互方面，企业提供炫酷的用户界面、巨屏多窗口融合、多屏互动、多工作站实时协同渲染等技术以及自然语音、多点触控、体感交互、增强现实、全息影像等多维度的交互模式，带给用户科幻般的体验。

【创业历程】

沈东：放弃安逸，追求极致

沈东是一个极客创业者，对事情追求完美的性格，让他大学一毕业就一头扎入物联网世界，二十年如一日地精耕细作，一手创办的敢为软件，悄悄成为业内翘楚，2018 年下半年，终于引来华为、中国移动、中国电信等巨头的青睐，订单像雪片一样飞来。

坐在位于深圳南山区敢为软件的会议厅里，沈东用语音指挥“自产”的物联网机器人去开门，搜索城市里面某个车牌的汽车，大屏幕上迅速显示出找车的路线，每个动作的完成都是毫秒级响应，就这样，沈东给笔者展现了一个连接非常流畅的万物互联的美妙世界。

放弃安逸，南下深圳

1998 年，沈东从哈尔滨工业大学精密仪器专业毕业，被分配到山东省烟台电力局下属企业从事自动化控制工作。虽然工作内容跟他所学的专业关系不大，但是他大学时代就对软件开发非常感兴趣，于是从进入烟台这家国有企业的这一天开始，沈东就走上了软件开发的职业生涯。

“那个时候每月 650 元工资，在烟台生活是够吃够喝，生活安逸，烟台濒临大海，风景也很优美，可是对我而言，工作越悠闲，越意味着接近死亡。”沈东如此诉说，“上班无所事事，下班打打台球，我一个人回到宿舍里常常感觉到异常的孤独，当时就觉得过这样的日子还用得着读大学吗？读大学不是为了实现人生抱负吗？如此消磨时光，人生的价值又体现在哪里呢？想到这些，我有时会在宿舍里一个人痛哭。”

一年以后，沈东向领导提出了辞职请求。他向往着南方的一座城市，因为大学同学曾用激动的语气告诉他，在深圳湾畔人们倡导的是“时间就是金钱，效率就是生命”，不奋斗就会死，这与他在烟台国企里过的“安乐得快窒息”的生活有天壤之别。

“我的领导没有批准我的辞职报告，结果我就卷起铺盖，带了几百元积蓄，独自南下深圳了。”2000 年春节后，沈东到了深圳，发现这里的空气是那么湿润，街

沈东

头的行人走路都带风，他一下子就喜欢上这座年轻的海滨城市。

沈东找了一份软件开发的工作，第一个月工资 3000 元，领第一个月工资的激动心情他至今还记得："3000 元是好厚一沓钞票啊，以前在烟台每月才 650 元，我觉得整个人都不一样了，我走路都是小跑的。那时我是负责机房设备管理的，负责空调、摄像头、门禁系统等各种设备与软件平台的连接，其实这就是与物联网相关的工作。"

创业初期，殚精竭虑

在深圳最初打工的近两年时间，沈东做软件开发程序员也如鱼得水，但他身上有一个技术高手的通病，就是凡事追求完美，而在企业打工总会有一些看不惯的人和事。"有的人善于溜须拍马，就可以被重用，老实人总是吃亏，我自己定位是个开发工程师，我也不善于溜须拍马，于是我想离开公司，自己创造一个舞台。"沈东开始接一些零星项目，自己做系统集成的业务，就这样开始了创业人生。

在独自一人做项目的时候，沈东常常熬夜，吃饭没有规律，得了严重的胃病，竟然两次胃出血。有一个深夜，他在罗湖区水贝出租屋里胃出血，倒在地上，全身抽搐，幸亏他的姐姐及时发现，叫来救护车才救了他的命。从那以后，沈东的姐姐就开始照顾他的生活起居。

2004 年，沈东和他的姐姐一起注册成立敢为软件，他的姐姐负责接客服电话，他负责去承接工程项目。"我印了 3 种名片，我一个人有总经理、工程师、技术支持这 3 个不同的头衔，其实，业务员、技术员都是我一个人，我和姐姐只要一年挣来的钱够吃饭就行。有一个客户购买了我开发的

3 套软件，货款 9 万元人民币，这就是敢为软件公司的第一桶金。”沈东身上有着四川人的乐观和执着精神。

他回忆道 ：“那个时候，我每天从罗湖体育馆坐大巴到车公庙上班，路上需要花费一个多小时，我当时坐在车上就默默地想 ：我要把所有的东西都连接起来，这是我的一个梦想。我每天都在琢磨 ：软件应该具备怎样的架构，才能把所有的设备和系统都连接起来？”

沈东现在的名片上印着“董事长和首席架构师”的头衔，而他本人对“首席架构师”的头衔更为自得 ：“敢为软件的架构都是我自己设计的，我把复杂的研发问题留给自己，简单的开发工作交给别人，时至今日，我都是企业的技术核心。”

突破瓶颈，万物互联

物联网与互联网不一样。互联网是人和人之间的连接，是面向虚拟世界的信息共享，而物联网是人和物、物和物之间的连接，是面向实体世界的感知与互动。物联网是第三次信息产业的一个浪潮，也是工业 4.0 的基础。“互联网现在的市场已经是无比巨大了，但是物联网今后的市场空间会是它的很多倍。”沈东说到这里眼睛直放光。

物联网说起来很好听，但是很难落地。沈东解释道，这有 4 个方面的原因 ：一是因为物联网的设备特别复杂。不同种类的物联网设备可能有数百万种，它们的通信协议和通信方式没有统一标准，所以说要实现真正的万物互联是很困难的。二是因为现在的大型物联网项目，往往都会遇到一个开发成本很高且周期很长的瓶颈，所以物联网不像互联网那样可以快速复制。三是现在的物联网很多都是一些垂直细分行业的物联网，比如，电梯物联网、消防物联网、车联网等，如果我们要做整个城市的物联网，就会发现有很多行业孤岛，无法打通。四是很多物联网平台的技术水平比较落后，用户体验做得也不够好，导致很多用户不买单。

为了突破这些瓶颈，敢为软件立志研发物联网生态系统操控平台，构建一个物联网行业应用的生态系统，从而推动整个物联网行业的发展。

沈东向敢为软件的研发团队提出了两项任务：

第一项任务是全面、快速集成各类设备。“在敢为软件的平台上面，我们首先要做到万物互联。不管是哪一家的设备，哪一家的传感器，只要具

与世界物联网大会签约，敢为软件的平台成为世界物联网连接操作系统

备通信功能，我们就可以非常快速地把它们整合在一起。这里面有两个比较重要的关键词，一个是‘全面’，我们不区分任何厂家的设备和传感器；另外一个是‘快速’，我们可以非常快速地把不同的设备整合起来。”

第二项任务是全面、快速集成第三方系统。“现在的很多信息不是来源于硬件的，它可能是来源于一些已经做好的第三方系统。比如，ERP 系统、OA 系统等第三方软件。在敢为软件的物联网平台上，只要第三方的系统具备对外数据交换的能力，我们就可以快速地把它们集成在一起。”

一谈及技术，沈东就滔滔不绝，他对自己主导开发的物联网生态系统

敢为软件朝气蓬勃的研发团队

操控平台信心十足："连接能力最强，应用领域最广，用户体验最好，交互界面极富美感。"

应用广泛，深受用户青睐

得益于"共性平台 + 应用子集"的平台架构，敢为软件可以在共性平台基础上快速开发和部署各种行业应用，在行业应用的广度、深度和开发、部署的效率等方面，敢为软件一直傲视国内外物联网业界。敢为软件在业界拥有非常广泛的物联网行业应用，一个个经典案例奠定了敢为软件的行业地位，佐证了敢为软件的共性平台的强大，来自广大用户的好评也擦亮

马来西亚 Petaling Jaya 城市代表团到访敢为软件，就智慧城市建设展开深入交流

了敢为软件的金字招牌。

在智慧城市建设方面，敢为软件有幸加入首批国家智慧城市试点智慧银川建设项目，成为项目建设者之一。2014 年，银川立足“智慧治理、智慧生活、智慧产业”三大核心目标，打造了以智慧政务、智慧交通、智慧旅游、智慧环保、智慧社区等为代表的智慧城市十大系统，解决了众多智慧城市难以攻克的“投资难、共享难、运营难”问题。智慧银川是智慧城市建设迄今为止一直让人津津乐道的成功项目。

在科技小镇建设方面，是有“广东硅谷”之称的碧桂园潼湖科技小镇项目。2017 年，广东省发改委评出的首个直接以“科技”冠名的广东特

微软全球物联网总经理 Carl Coken 到访敢为软件，一起开拓国际物联网市场

色小镇创建工作示范点项目，以打造湾区黄金海岸产业带新的重要增长极为目标。敢为软件作为科技小镇的主要建设者之一，秉持“万物无缝互联、分层智慧交通、安全智慧生活与办公、绿色生态环境服务”的城市运营管理思想，以及产城融合、打造产业生态、引领创新发展的城市建设理念，突出科技感和互动体验。

在智慧园区建设方面，2017 年年底，敢为软件携手中国包装龙头企业——劲嘉集团，打造劲嘉智慧工业园区，涵盖智慧制造、智慧产品和智慧业务等部分，推进物联网、RFID、传感技术、大数据、三维仿真等新技术与包装产业的深度融合，帮助客户提升了生产和管理效率，增强了市场营销能力，增加了销售收入和利润，进一步巩固了公司的行业龙头地位。

在智慧建筑建设方面，鸿荣源壹方中心作为大湾区深圳前海中心区首

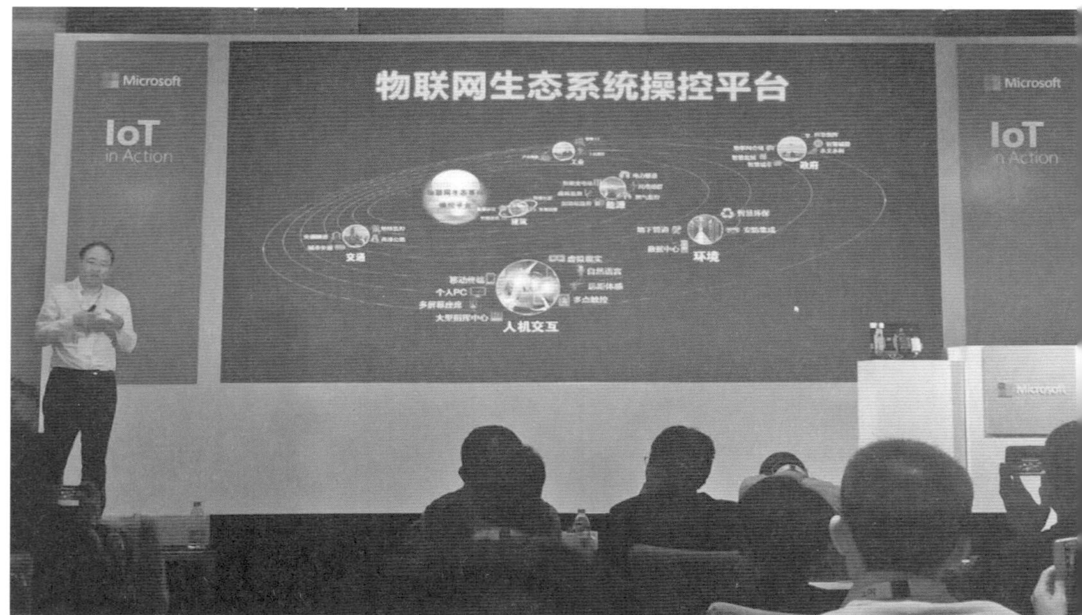

沈东在微软 IoT in Action 全球物联网大会上做专题演讲

席旗舰级智慧综合体，涉及商业、办公、住宅等多样化功能，数据对接困难。在敢为软件的物联网共性平台基础之上，最终建成了一个以人、环境、系统、管理互为协调的统一的智能化平台，消除了各子系统信息和功能孤岛现象，实现了各子系统之间数据互联互通，业务功能协同联动。壹方中心最终被打造成智能化系统的集中管控、协同联动、数据分析可视化、资源融合共享的深圳最具规模的标杆性城市综合体。

在智慧制造建设方面，敢为软件与富士康集团联合打造工业互联网实验室，在工业富联“云雾一体化”核心结构中，推动“超级大脑”富士康云平台和“最强小脑”雾小脑协同合作，实现工业制造自动化、数字化、网络化、智能化，推动工业富联加码生态融合和技术深耕，打破产业间的壁垒，开启与产业上下游不断融合共同升级之路。

在众多的落地项目中，有很多智能化项目无论对敢为软件，还是对整个行业来说都是没有前例可循的，如内蒙古呼伦贝尔风力发电智能化集成项目、即墨古城智慧旅游项目、深圳市扬尘噪声监测平台项目等。这些项目需要敢为软件对需求做深入的调研，大胆探索，小心求证，运用物联网、大数据、三维仿真等先进技术，结合项目的实际情况，最终拿出优秀的解决方案，满足项目的个性化需求。

强强联合，打造物联网机器人

敢为软件在物联网领域声名鹊起，也吸引来投资人的关注。上市企业奇信股份在 2017 年年底为敢为软件注资 2385.71 万元人民币，获得 10% 的股权，与此同时，敢为软件与奇信股份成立合资企业——奇信智能科技公司（以下简称“奇信智能”），致力于物联网机器人和“装饰物联网 +”的研发。

2017 年 3 月 24 日，奇信股份在深圳前海国际会议中心召开“装饰物联网战略暨奇 π 品牌发布会”，并首次提出智能中控产品——物联网小 π 机器人的概念。同年 11 月，搭载奇 π 平台的物联网机器人奇信小 π 机器人首次亮相第十九届高交会，并以其萌萌的造型和强大功能成了展会小明星。

2018 年，奇信智能凭借奇 π 物联网云平台和奇信小 π 机器人产品的独特竞争优势在市场上取得了不俗成绩，并再次亮相第二十届高交会现场，

客户参观敢为软件物联网展厅

奇信小 π 机器人凭借高人气和专业实力获得了主办方颁发的“优秀产品奖证书”，同时吸引了众多专业观众和采购买家。目前，主打物联网功能的奇信小 π 机器人已经“遍地开花”，在智慧办公、家居、政务、展厅、酒店等领域全面落地，已经成为商用服务机器人领域的佼佼者之一。

2019 年，奇信智能扩展奇 π 物联网云平台应用领域，提出“1+1+N”的发展战略，以平台为支撑，以机器人为入口，在行业细分领域（智慧办公、园区、酒店、体育、政务、展厅、农业、医疗、养老、物流等）提供一站式的解决方案。同时打造多样化运营模式：多样化产品线路、营销策略、市场拓展以及商业模式，共同为用户和市场提供优质产品和极致服务。

世界物联网大会主席向敢为软件授牌

敢为软件凭借在智慧化共性平台的多年积累，深挖行业，成立了多个垂直行业的专业公司。同时面向战略合作伙伴全面开放技术能力，在智慧建筑、智慧园区、科技小镇、工业物联网、电梯物联网、消防物联网、机器人、智慧交通、智慧旅游、节能环保、智慧金融、智慧城市等众多领域提供全面的解决方案，形成了自成体系的物联网生态系统。通过跨领域跨行业的数据融合、分布式的实时运算、毫秒级的物理协同、统一炫酷的人机界面展现，构建出强大的城市超级大脑。

未来已来，万物互联时代将你和我裹挟其中。沈东说："我们期望与各行业的合作伙伴紧密携手，赋能物联网全领域，发扬敢为天下先的精神，共创美好未来。"

【专家眺望】

拥抱万物互联新时代

有人说，当下这个时代是人类历史上最美好的一个时代，人们不再为饥荒困扰，而且还能因为互联网拥有更为丰富的精神生活，而我们的下一代将更加幸福，因为他们拥有物联网。

物联网已经在无声无息之间"入侵"了我们的生活，不论是智能家居还是车联网、智慧城市，已经让我们感受到物联网时代的便利，一个更加科幻和惬意的新时代正向我们走来。

在物联网领域深耕多年的敢为软件董事长沈东透露，随着 5G 技术的成熟，2018 年开始，物联网产业迎来了快速发展期，因为 5G 网络意味着更高的数据传输量、更小的网络时延、更低的成本能耗以及更可靠的网络质量，可以满足更复杂的联网需求，其商用落地为万物互联时代的开启提供了可能。

今日头条、美团、滴滴、海康、小米等巨头崛起于 4G 时代，未来，5G 也将催生出新的竞争赛道,并产生新的业务形态和商业机会。具体来说，就是泛在无线、泛在触点、泛在智能。敢为软件敏锐地意识到，在一个泛在互联的新时代，不是端到云的二级组网架构，而是边缘计算、本地计算、云计算的多重组网模式，只有在这个模式下，才能更高效快速地对海量信息进行实时处理，分布式智能协同。所以敢为软件除了在物联网云平台上持续深挖外，还积极投资在共性的边缘网关上。现在，敢为软件已经构建出以嵌入式边缘网关、本地服务器、私有云、公有云为结点的物联网体系，在这个体系里，每个结点内核模型完全一致，通过极其高效的安全私有协议自动组网，所有数据按需双向互传，达到网络速度和流量的最佳平衡。

当前很多大型物联网平台的设计思路是“一个平台,多个租户”的模式，这就要求平台具备海量的 IO（In Out，即“输入输出”）吞吐、极高的出入带宽，为了应对海量数据的处理，平台通常采用开源的分布式处理的软件框架，整体显得非常笨重。而且平台一旦崩溃，往往会影响所有租户的正常使用。

敢为软件的平台特点是“多平台，多租户，分布式”。所谓多平台，是可以针对企业级客户独立构建物联网平台，平台之间实现进程隔离、数据库隔离、存储隔离、IP 地址隔离，任何平台发生故障，不会影响其他平台的正常使用。所谓多租户，是一个平台上可以独立划分出多个权限角色组，平台上的每个用户可以同时扮演多个角色，从而实现管理范围的隔离，而且非常灵活。所谓分布式，是指单个平台可以采用多主机的分布计算，也可以理解为多个平台的再次聚合。对于电信级别的物联网平台，往往需要多个项目之间的协同处理，以及数据的跨域分析，这正好是敢为软件的平台与平台之间任意组网能力的绝佳体现。

我们知道，Hadoop 是一个强大的分布式计算平台，敢为软件的平台采用类似 Hadoop 的分布式架构，但具备更高级别的模型抽象。在敢为软件的分布式架构中，每一个结点就是所谓的“平台”，或者称之为“站点”，这个结点本身具备设备通信、数据处理、对外服务的全部要素，扩展起来非常简单，所以更能有效应对物联网应用的复杂性。

用“秘密武器”逐鹿江湖

人类社会正在加速步入物联网时代，根据 IDC（Internet Data Center，互联网数据中心）的数据预测显示，到 2022 年全球物联网支出将达到 1.2 万亿美元，其中，中国物联网支出规模将达到 3000 亿美元，在全球的物联网市场中占比 25% 并超越美国成为全球最大的物联网市场。

产业规模的增长主要在于传统终端的升级改造，有数据显示，预计到 2025 年全球物联网产品数量将增长至 700 亿台——相当于智能手机存量的 20 倍——届时将极有可能占据 11% 的全球经济贡献率。

基于此，物联网已经成了兵家必争之地，无论是腾讯、小米等互联网企业，还是创维、TCL 等传统制造企业均纷纷入局，这也从另一个角度印证了，物联网带来的绝不是局限于技术层面的改革，而将是整个产业生态的迭代。

在这样一个群雄并起的时代，敢为软件是凭什么逐鹿江湖的呢？

沈东说："物联网共性平台是敢为软件的核心武器，基于我们强大的共性技术，可以对所有硬件和第三方系统进行全面融合，在这个平台上，我们做了很多行业的具体解决方案，从智能家居一直做到智慧城市。"

那么，他们是如何做到这么多不同行业的解决方案的呢？这也是令很多人感到困惑的地方。现在一些物联网上市公司，他们只做一个行业，就需要上百个甚至几百个开发工程师。而在敢为软件的平台上，可以快速打造任意行业的物联网应用，很多人都很疑惑："你们都是怎么做到的？"

作为敢为软件的首席架构师，沈东揭开了谜底："基于敢为软件的物联网共性平台，无须做任何开发或者只做少量开发，即可满足绝大多数用户的需求。面向实施工程师，完全是通过搭积木的方式完成整个项目。面向程序员，是全插件式的开发。"他接着用通俗易懂的语言解释道："当用户提出一些全新的，或者非常复杂的需求的时候，可能我们的积木块也无法搭建完成，这时我们会去给用户做插件开发。所有的二次开发，都是基于我们公司的这个物联网共性平台做的开发。这样开发的一个好处是，底层平台已经做好了 90% 以上的功能，开发者只需要关注定制化部分。所以在敢为软件的平台的二次开发，与从零开始的全新开发相比较，效率至少提高 100 倍。"

物联网行业的最大特点就是个性化：设备个性化、需求个性化。敢为软件的最大价值，就是可以高质量、快速地满足用户个性化的需求，拥有这样平台的公司，必将在物联网的发展过程中大放异彩。

构建物联网世界的万花筒

沈东底气十足地说："我们从物联网的最小粒度去构建共性的信息模型，从而做到物联网行业的通用性。换句话说，我们在做物联网应用层的操作系统，赋能物联网全领域。"

他谈到构建统一的弹性内核的重要性。敢为软件的平台是一个完整的体系，从嵌入式一直到云，这个体系的最大特点是统一的内核。"我举个例子，就好比森林里面有蚂蚁、老虎、兔子、大象，如果所有动物的大脑构成是一样的，那就意味着大象可以和蚂蚁直接对话，蚂蚁和蚂蚁可以直接对话，蚂蚁和兔子也可以直接对话。统一的内核模型，是我们构成强大的物联网的基础。"

业内人士知道，敢为软件的平台计算能力非常强大。"我们的一台 PC 机，您也可以想象成一台笔记本电脑，可以做到一百万个数据的实时感知。好比我们有一栋大楼，这栋大楼里面有一万个数据点，那我们可以把一百栋这样的大楼集成到我的笔记本里面，我要控制这些大楼里面的任意一盏灯，它都不会超过 500 毫秒。每一天在这台笔记本的硬盘里面，我可以存储 5 亿个数据，这样的一个计算性能，在我目前知道的物联网平台里，在同样的测试条件下，我们的性能是其他的 10 倍，这是让很多人难以置信的地方。"

沈东演示了基于敢为软件的物联网平台的随心所欲的协同。什么是协同呢？比如，某个房间起火了，系统会自动地把门打开、停止电梯运行、把某些电源切断、广播通知人员撤离，所有的这些相互关系就称作协同。这种协同的逻辑是让用户自己去定义的，不需要任何编程。在这个平台上的所有数据都有坐标的属性，当数据发生警告的时候，系统可以精确定位。再比如，一个很大型的物联网项目，它管理了几百万个设备，以后每一个设备发生报警的时候，系统都会把它自动找出来。

在这个神奇的物联网平台上，海量视频智能汇集是一大特色。物联网平台上，很多用户最想看的是摄像头，但是如果摄像头太多的话，比如，一个园区装了 2000 个摄像头，请问保安怎么去看呢？他是看不过来的，所以说现在的安防都叫事后追踪安防，就是出事后去调录像来看。在敢为软件这个平台里面，所有摄像头都和敢为软件的物联网进行了融合、绑定。以后当有报警事件发生的时候，相关摄像头会主动地推送给指定人员看。比如，有一个小偷进了某个房间，正准备作案的时候，敢为软件的物联网平台捕捉到这个异常，马上就把相关位置的摄像头推送给保安看了，这样就把传统的事后安防变成了事前预警，这是安防行业的一个重大革新。

通过敢为软件的插件或者积木搭建的物联网应用，它有一个特征就是做到真正的一体化设计。现在很多物联网的解决方案，是由很多不同厂家的软件堆积在一起的。而在敢为软件这个平台里面，不管是一栋建筑还是一个城市，都是一个平台把所有功能全部融合在一体的。

沈东介绍，敢为软件做的任何物联网的项目都是支持移动终端的，通过手机、平板的 App 或者手机内置的浏览器就可以直接访问。同时，敢为软件的物联网平台一个很大的特点，就是颜值很高，开发的软件界面非常漂亮，而且所有的软件界面都支持多点触摸、支持原生大屏幕，所有的窗口都可以任意组合、拼接。

“为了给用户很好的体验，对于一些高端项目，我们会做一些全景高清三维界面，在三维场景里漫游，在漫游的过程中跟我们的实际设备进行交互。”他补充道，“敢为软件的平台有一个非常炫酷的地方，就是我们有很多的自然交互模式。第一是多点触控，像 iPad 一样，我们现在所有的软件都支持多点触控。第二是我们可以通过自然的语音和软件进行对话。第三是我们可以通过肢体动作来控制软件，也可以通过 VR/AR 的方式来跟软件进行交互。”

物联网平台助力管理推向极致

沈东认为，未来的物联网会更加精彩，因为可以把管理的便捷推到极致。“在敢为软件的物联网平台上面，我们要把管理推到极致。现在很多的系统它们都有一个弊病，就是系统越大，连接的东西越多，管理就越烦琐。我们现在要把管理推到极致，那什么叫管理的极致呢？我们认为，现在每一个人都随身携带了手机，如果用户把手机掏出来扫一眼屏幕就知道整个项目的运行状况，那就是管理的极致。”敢为软件的物联网平台上的所有数据都有一个实时分析引擎，每一秒钟都会形成一个系统的运行快照推送到用户的手机上。快照上的所有分类都是用户去自定义的，而且和用户权限绑定在一起。这样，用户就可以一目了然地看到他权限范围内项目当前的实时运行概况。

未来的世界是物联网无处不在，充分融合了人工智能和大数据的智能社会。敢为软件的物联网平台充分融合了人工智能和大数据应用。敢为软件的一个杀手锏就是自然语言的语义分析，通过对平台上的任意数据进行快速打标，实现上下文语义的自然关联，从而可以做到对平台上的任意操作通过语音“发号施令”。

沈东在敢为软件的智慧城市展厅向笔者展示了强大的语音能力。他连续说了一大堆话，平台有条不紊地执行了各种设备的控制、软件的切换、报表的自动生成，令人眼花缭乱，叹为观止。沈东自豪地说，他的目标就是控制一个城市就像控制一个智能家居一样方便。人工智能的主要应用场景一个是语音，一个是视频。在视频识别分析方面，敢为软件的平台和华为的 AI 平台无缝连接在一起，也与业界的领先公司（比如，商汤、旷视等公司）的产品进行了深度对接，实现了智能视频在物联网各个应用场景

沈东在 2019 年华为全联接大会上做专题演讲

下的快速搭建。

敢为软件的平台大数据应用很有特色。“我们的大数据是实时大数据”，所有数据从采集源头开始，都会有一个实时分析引擎，这个引擎可以对数据进行多达1000个层级的分类，每个分类都针对海量数据进行实时的分析汇总，并与视频、资产、位置、预案等信息进行绑定，从而帮助用户实时掌控整个项目的态势。

敢为软件平台的报警功能很强大，这个平台提供很多的报警方式，当有报警发生的时候，系统可以打电话，发短信，发邮件，发微博、微信，可以声光报警、打印、传真等，所有的这些报警方式我们可以任意去选择、扩充，而且，所有的报警都是可以分级上报的。比如说，这栋楼里发生火灾报警了，系统马上把这个报警信息报给物业，如果物业在5分钟之内不处理的话，系统自动就报给一个科长，再过半个小时不处理，就报给一个处长。所有的报警事件都可以自定义逐层上报的方式与间隔时间。

敢为软件的平台提供强大的二次开发环境，可以快速地定制开发各种各样的信息化插件，比如说，OA系统、物业管理系统、财务管理系统、派单管理、绩效管理，我们所有能想到的一些信息化功能都可以在平台上面做成一个插件，与底层平台有机地融合到一起。

物联网的建设是基于单个项目进行设计落地的，但真正意义上的广域物联网，应该是跨项目、跨行业、跨领域的信息融合。基于敢为软件的平台任何项目之间都可以组网，组网的方式是任意的，如同社会化的人际关系一样。在这个物联网的网络里面，我们所有的信息都可以及时流转，所有的控制指令都是在500毫秒内下达。真正强大的物联网不仅是万物互联，而且要做到万物有灵，这就要求所有的信息都是协同的、实时的。

2019 年华为中国生态伙伴大会，敢为软件与华为进行技术合作签约

牵手华为备战 5G 时代

2019 年 3 月 21 日，华为在福州召开中国生态伙伴大会，敢为软件与华为签订了技术合作协议，将在物联网领域进行全面合作。沈东说：“牵手华为备战 5G 时代，真正实现打造超级城市大脑的梦想。”

沈东认为，5G 不是物联网的必需品，但是一个强大的推进剂。因为低功耗、高速率、低成本以及低时延的特性，5G 将对物联网行业带来巨大改变。与前几代移动网络相比，5G 网络能力将有质的飞跃。例如，下行峰值数据速率可达 20Gbps，而上行峰值数据速率可能超过 10Gbps；此外，5G

还将大大降低时延及提高整体网络效率：简化后的网络架构将提供小于5毫秒的端到端时延。5G给我们带来的是超越光纤的传输速度，超越工业总线的实时能力以及全空间的连接，5G将开启充满机会的时代。

5G的发展将突破物联网发展的通信瓶颈，迎来物联网的大发展，一些过去难以实现的功能也可以轻松实现。作为5G最大赢家的华为，在5G产业标准、产品、终端、安全、商业等各领域已经准备就绪，将联合客户与伙伴共同把握5G带来的创新机遇，共同开创5G时代。

在以往的建设项目之中，除了因为网络速度、功耗和时延等方面的原因，造成项目成本高之外，还有些应用囿于网络原因无法落地。

沈东介绍，敢为软件将在共性平台基础之上，快速实现相关行业的5G应用落地，比如，构建基于5G的工业通信网络，实现更快的人机交互速度，通过无线，机器到机器和机器到云的通信为机器人生产系统提供更高的灵活性，获取成本优势；简化数据收集并实现对工作流程的全面和持续监控，在自动化控制、可视化生产、远程维护、工业AR、物流追踪和云化机器人等方面，提高效率，并降低生产本身的运营和管理成本。

利用5G的高带宽的优势，推动虚拟现实、混合现实、全息影像等技术广泛应用于旅游、体育、视频会议等众多领域。

自动驾驶、采矿和远程医疗等与人身安全相关的行业应用，只有在安全、可靠、低时延和高带宽的5G的环境下，才可能迎来大发展契机。

5G时代，背靠华为，敢为软件将在5G+智慧园区、5G+智慧制造、5G+智慧环保等领域率先实现项目落地，抢占市场先机。沈东表示：“5G时代的到来，会让我们‘赋能物联网全领域，打造超级城市大脑’的愿景成为现实，对此我们胸怀无限的憧憬。”

粤港澳大湾区给物联网产业带来重大机遇

随着粤港澳大湾区城市一体化之后，城市之间的联通效率要求越来越高，给物联网产业的发展带来重大机遇。

粤港澳大湾区物联网企业经过多年的技术储备，如今进入了快速发展的阶段，尤其是我国唯一的智慧城市领域的国家重点实验室——“智慧城市物联网国家重点实验室”于2018年10月在澳门大学正式挂牌，将给大湾区快速发展的物联网产业提供强有力的科研支撑。

澳门设立“智慧城市物联网国家重点实验室”

2019年4月9日，“2019深圳国际机器人与智能系统院士论坛”邀请了澳门大学科技学院院长须成忠教授做“智慧城市中的数据智能”

专题报告。

须成忠,这位来自美国韦恩州立大学电子与计算机工程系的系主任、终身教授、云计算与互联网实验室主任，在国内已经从事了多年智慧城市的科学研究和产业化实践。2012 年，他回国组建自己的科研团队，6 年时间里，他的团队已经在深圳搭起了一条紧密的科研—工程—产业创新链条，得到政府、企业、科研单位的一致认可。当他在 2019 年春天上任澳门大学科技学院院长之时，他领导的深圳先进院科研团队还在延续着之前的研究工作。

须成忠指出，当前中国正处于城市高速发展的关键阶段，面临前所未有的挑战，借助大数据、物联网、人工智能等新一代信息技术有望破解城市发展面临的各种问题。目前，国内有数百个城市在上马智慧城市项目，但目前绝大多数城市主要是在建数据中心、铺设网络，其实这仅仅是智慧城市建设的第一步，如何实现数据的整合共享，做好智能服务，还有大量工作要做。深圳走在国内许多城市的前列，因为深圳市政府高度重视数据的开放共享，行政效率高，在交通大数据、气象大数据的应用服务上取得了很多先进经验，比如交通方面，深圳市交委和先进院科研团队共同努力，实现了提供动态实时的交通信息服务，覆盖深圳市 80% 的公交线路，用户量超过 300 万，访问量超过 2000 万次，日活超过 20 万。通过对出租车、公交车、地铁等数据的融合挖掘，可以预测出城市整体出行的状况，根据出行者的反馈及刷卡情况，可以设计定制公交、智能化公交调度方案，并且将大数据运用到智慧警务上，真正实现“向科技要警力”；通过人脸识别、手机和公交数据的融合挖掘，对逃犯的抓捕更准确高效，对走失儿童的寻找也更方便快捷。

须成忠对深圳智慧城市建设有很深的了解，他介绍道：“深圳的优势在于数据资源开放共享做得不错，澳门由于对隐私保护顾虑较多，所以数据源相对薄弱，可以做更多新技术方面的开发。如何做到隐私保护与公共服务之间的平衡呢？那只能依靠新技术。最近出现了一种新技术，就是联合学习，在不共享数据的情况下，可以充分挖掘数据的价值，提供更好的智能服务，我们正在朝这个方向积极探索。”

须成忠介绍，澳门大学设立不久的“智慧城市物联网国家重点实验室”，主要开展与智慧城市相关的物联网技术研究。智慧城市物联网国家重点实验室在澳门建立，一方面体现了国家对科技创新的高度重视，另一方面展现出澳门大学在促进基础科研发展、提升澳门科研成果转化、实现经济高质量发展等方面的重要使命，将为进一步加强澳门科研力量及自主创新能力奠定坚实的基础。

在发展现代化城市的过程中，为居民生活带来方便，同时亦迎来许多新挑战，包括出现交通、环境、能源、安全和管理等问题，需要借助科技手段来解决，这是建设智慧城市其中一个重要意义。澳门大学“智慧城市物联网国家重点实验室”的成立，将促进物联网在城市基础建设、经济发展和社会民生等方面的应用，与澳门建设智慧城市协调共生、相辅相成。须成忠透露，这个国家重点实验室下设 5 个研究组，针对智能传感与网络通信、城市大数据与智能技术、智能能源、智能交通、城市公共安全与灾害防治领域，展开相关的物联网技术研究，以及与其他领域进行交叉科学研究，诸如智能医疗物联网和智慧海洋等。

他说：“建设智慧城市不可能一蹴而就，既需要政府的规划和大力支持与投入，也需要全社会的共同参与，因此澳门大学‘智慧城市物联网国家重点实验室’成立后，继续与深圳先进院在联合研究和人才培养方面深入合作，包括使用局部数据，基于联合学习的数据模型，做出精准的、优质的民生服务，同时希望与珠三角的企业、大学和科研单位积极展开合作，与社会各界一同努力，服务澳门以及内地智慧城市的建设和发展。”

大湾区城市一体化为物联网产业带来利好

随着粤港澳大湾区城市一体化之后，城市之间的联通效率要求越来越高，社会民众对出行便利、治安环境、食品药品的安全性关注度更高，因此，未来在智慧交通、城市管理、供应链管理、冷链运输监控方面也会更加严格，这就为从事智慧城市、智慧物流、智慧冷链的企业提供了很好的发展契机。

洲斯物联董事长蔡旭东在讲述如何抓住大湾区建设机遇的时候表示，未来几年将立足深圳，联合香港货品编码协会、深圳物联网应用研究院、深圳华中科技大学研究院，对冷链移动物联网的重点技术进行攻关，做好基于5G边缘计算的新一代全程冷链温控运输和供应链资产管理云平台，产生重要的示范和辐射效应。他希望用领先的物联网技术服务于食品、药品安全、物流企业、企业物流的全程供应链，力争做最具价值的物联网企业。

除了本书写到的物联网企业纷纷在抓紧时间排兵布阵外，还有深圳物联网产业的龙头企业——深圳市雄帝科技股份有限公司（以下简称“雄帝科技”），也同样借助粤港澳大湾区建设的东风加快发展。

2018年6月22日，雄帝科技与支付宝签订《“支付宝乘车码”深入合作框架协议》；同年6月26日，雄帝科技与腾讯、财付通签订《“腾讯乘车码”暨“数字身份”创新应用合作协议》。雄帝科技此次牵手阿里巴巴、腾讯两大互联网巨头，有效地将互联网公司的平台优势与自身整体解决方案能力和客户资源优势相结合，共同构建开放共赢的乘车码产业生态链，探索移动支付发展的新路径与智慧出行新模式，同时也将促进雄帝科技身份信息相关业务线上线下的融合。

2019年1月11日，广东省公安厅出入境管理局局长李世威率粤港澳大湾区9地市公安出入境领导出席了深圳公安出入境智慧大厅南山分厅启动仪式。出入境智慧大厅“一对多陪伴式”服务受到现场办证市民的好评，一站式受理大大缩短了申请人的办证时间，节省警力，提高办证效率，实现“数据多跑路、群众少跑腿”。为实现“群众便捷、民警赋能”双满意目标，在政府相关部门的指导下，雄帝科技配合深圳公安出入境相关部门，将“互联网＋出入境业务”深度融合、大胆创新，以智能化手段，改革创新出入境窗口受理模式，运用大数据分析、多维身份识别、可视化平台等技术，打破数据壁垒，提供智慧预约、智慧分流、智慧受理、智慧管控的全流程智能化、一站式办证的智能服务。出入境证件申请人通过智慧预约系统完成线上预约，按照预约时间到智慧大厅即可办理普通护照、往来港澳通行证、往来台湾通行证的首次申领、过期重领及补、换发等业务。

雄帝科技总经理郑嵩表示，雄帝科技作为国内领先的身份信息综合服务商，将积极探索科技创新手段，推出更多的产品与服务，助力出入境相关部门提升办证服务工作效能，让百姓充分享受“放管服”改革的红利，为“智慧警务”建设做出更大的贡献。未来几年，雄帝科技将不断探索和实践物理身份和数字身份的融合应用，真正实现身份信息在各种使用场景的数字化与智慧化，让科技进步服务粤港澳大湾区的建设。

物联网是拥有万亿级规模的盛宴

粤港澳大湾区人工智能与机器人峰会2018年11月在广州举行，峰会吸引了包括两院院士，粤港澳三地人工智能与物联网、机器人行业的知名专家教授、企业家参会。与会嘉宾指出，物联网万亿级规模的盛宴，将是企业发展的重大机遇。

“大湾区是覆盖了中国经济最发达的几个地方之一，在大湾区的科技应用也是最超前的。”高新兴科技集团执行副总裁樊晓兵表示，物联网未来几年高增长趋势确定，国内运营商物联网建设加速，NB-IoT窄带物联网开始商用，物联网应用进入爆发阶段。

“高新兴科技集团作为本土的企业，这几年得到一个比较大的发展，这也验证了技术创新的重要性。我们上市8年，一直保持比较高的增长，基本上在每一个关键的节点，都把握住了技术创新资源。作为在国内第一个以物联网概念上市的公司，我们在很久以前就把物联网这样的技术领域作为重要发展方向，这几年持续不断地做研发的投入。”樊晓兵表示，物联网万亿级规模的盛宴，将是企业发展的重大机遇，而智慧城市是物联网最大应用场景，所以，高新兴科技集团期待通过物联网技术与产品，能够让城市“更安全、更智慧、更美好”。展望未来，他表示：“随着商业模式越来越确定，物联网的应用一定会越来越丰富多彩。”[1]

物联网的发展离不开传统产业，所以大湾区良好的经济基础为物联网产业的发展提供了广阔的空间。当前，物联网的感知层和网络层巨头云集，进入门槛较高，在特殊细分领域具有技术创新能力的企业拥有突破发展的前景，尤其是5G通信技术的发展为物联网庞大的连接提供了网

1　来源：《万亿级物联网盛宴 为大湾区企业提供重大机遇》，作者：孙晶，《羊城晚报》，2018年11月29日。

络基础，因此在5G网络成熟之后，势必出现更为繁多的物联网应用。物联网专家认为，智能家居、车联网、工业物联网和物联网安全将是极具发展潜力的领域。